大樂文化

華爾街投資大師教你

3% 訊號投資術

The 3% Signal

**為何他能一年只花60分鐘做交易，
其他365天上班、旅遊？**

傑森‧凱利（Jason Kelly）◎著　周詩婷◎譯

CONTENTS

CONTENTS

獻給母親

我在她的幫助下，踏上研究股票之路。

前言

20年磨一劍的3％訊號投資術，讓你攻守兼備

很久以前有一天，我發現我的母親茫然地坐著，被一大堆的股市評論給搞糊塗了。她把其中一份報告推到我面前，無奈地說：「我從頭到尾都搞不懂這個玩意。你覺得呢？」「從頭到尾」？我後來發現，這個說法真是恰當，因為股市的建議總有一半是錯誤的。我母親搞不懂她面前的這些評論，我認為寫這些評論的人自己也搞不懂，因為他們全都只是在猜測。

所以，我開始進行20年的調查，想找出更好的方法，讓一般人能在股市獲利。我希望讓他們不受到市場權威不靠譜的建議所干擾，帶領他們遠離為自身生活造成壓力的投資錯誤，並向他們展示如何避免為績效不佳付出過多學費。我和許多備受讚揚的專業經理人談過，讀遍相關主題的每一本書，訂閱電子報，撰寫書籍和文章，還開始上媒體節目。

我的研究顯示，投資業界的某些環節與某個巧妙系統有關，這個系統是設計用來把投資人帳戶裡的資金，連哄帶騙地轉進這些投資公司與顧問的帳戶裡。它的運作方式像是誘

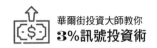

使投資大眾，追蹤變幻莫測的選股邏輯與入場時機，即使明知會失敗。它提出看似更博雜精深的投資選項，而非讓投資人自己做決定，但那些投資選項的市場績效比非託管的基金還差，卻收費過高。

許多所謂的專家不想讓你知道，價格的重要性勝過一切。想法沒有價值，意見使人分心。重要的只有投資標的的價格，無論價格是低於某個水準，表示是買進的好時機，或者是高於某個水準，表示是賣出的好時機。

我們不需要專家也可以知道這個水準，並且自己監測價格，然後根據水準與價格採取適當的行動。我們還可以把自己對價格的反應加以自動化，這樣做更好，因為這純粹是算數而已。

這就是3%訊號投資法的特質。我們把3%設定為固定不變的績效線，每季檢視一次，當股價跌到這條線之下就買進，漲到這條線之上就賣出。這個簡單的方法運用常見的股市指標，就能夠打敗大盤。

⟲ 再也不用浪費時間，在喋喋不休的股市話題

由於絕大部分的假專家都輸給大盤，因此這個投資術的績效當然也大幅超越他們。這聽起來十分美妙，但是那些專家不希望你這麼想。本書將證明，你只要每年4次、每次花15分鐘計算一下，就可以擁有3%訊號投資術的績效獲利，

人生再也不用浪費時間，在喋喋不休卻一無是處的股市話題上。

3％訊號投資術不像大多數的投資方法，它承認人有情緒面，在看見消息時會想要採取行動。為了滿足這樣的衝動，這個投資術將告訴你，如何以完美步調採取正確行動，讓你不會太常跳進去製造混亂，也不會離得太遠而覺得自己什麼都沒做。你將會看到，只要頻率足以讓你的財務保持在正軌上，每件事都很順利。3％訊號投資術讓你遠離市場，又滿足你情緒與投資組合上的需求。

在本書中，我們會先看到，直覺如何帶領我們偏離正確的道路，以及假專家如何利用這個弱點捕食獵物。你將體認到大盤是一個零效度意見的環境（zero-validity environment），本書把股市權威提供的意見、指引的方向，簡稱為「零效度意見」。

接著，簡單說明3％訊號投資術。你將發現，只需要一檔股票基金、一檔債券基金及一條訊號線，而且只要每一季檢查基金的成長是低於、符合或高於目標，再把股票基金與債券基金裡的資金挪往正確方向即可。如此一來，你可以僅運用未受干擾、清楚明確的價格，忽視任何零效度意見的干擾，自動地在這條主線下買進、賣出。

然後，書中將詳盡地探討3％訊號投資術的各個環節，讓你知道哪種類型的基金是理想的？為什麼安排每季檢視一次的效果最佳？如何管理現金的投入？當股債兩種基金偶爾

失衡時，該如何處理？以及何時該執行特別的「不出場」規則，讓你能維持滿手股票、等待崩盤後的反彈。而且你將看到，3%訊號投資術在任何帳戶都有效，就連在401（k）帳戶也一樣。

此外，你還會看到，在現實生活裡，在同一段時期中，其他的投資術如何拼湊出你所學過的一切。

你準備好了嗎？接下來，和我一起展開這趟輕鬆投資獲利的旅程吧。

績效計算說明

　　過去股市與基金的歷史價格變動，是因為股票分割與股票股利。本書展示的諸多股價，都在2013年秋季期間做過調整。如果你核對本書投資標的的歷史價格，會發現許多價格有所出入。請放心，這不會改變歷史績效，某個投資標的在2005年漲了20％，就還是20％，無論計算價格用的是2005年、2013年，或是未來的某一年。

　　本書的主要時間是從2001年初至2013年中，橫跨50個季度。我以2000年12月的收盤價做為初始買點，而週期通常是指從2000年12月到2013年6月。

　　或許有些人對此感到困惑，因為他們想知道這段時間是否包含2000年。其實，我只是為了整齊劃一，用2000年12月的收盤價，做為2001年第一季的起始價格，如此一來，到了2013年第2季結束時，恰好是50季，也就是12.5年的時間框架。

　　其中只有一個例外，那就是快驗保（Medifast）的股價表，因為2000年12月的收盤價在這個範例中至關重要，所以股價是從2001年第一季開始計算，整個計算期間同樣設定為50季。

　　最後，3％訊號投資術會提出同時買賣兩種基金的交易

指示。在現實生活裡，交易不會恰好同時發生，但因為下單快速，日期可能相當接近。本書計算過去績效，都是根據週期的收盤價，而真實績效或許有些差異，因為下單時的成交價與收盤價之間有著些微價差，但不會相差太多。

你運用3%訊號投資術所獲得的績效，基本上會與本書所顯示的一樣。

NOTE

第 1 章

誰總能買在最低點，
賣在最高點？

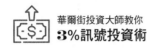
1-1

面對股市投資，你是否既期待又怕受傷害？

在你的生涯裡，內心始終想要努力達成財務目標，遵循著量入為出、存下結餘的原則。某天你聽到有人說，將存款投入股市，錢會越來越多，好像很不錯。似乎有些專家掛保證，可以平均每年成長10％，這代表每過7年，存款就會翻倍。而且，如果你肯花心思又比別人聰明，甚至能獲利更多。

這一切就是這麼開始。你把錢投入股市後的頭幾年，情況頗為順利（可能投入基金或退休帳戶），但股市開始下跌。頭條新聞宣稱經濟陷入衰退、失業率上升。這時候，你讀到聯邦準備系統（Federal Reserve System，FRS，簡稱聯準會），之前你完全沒想過，也不太了解上次聯邦公開市場委員會（Federal Open Market Committee，譯註：負責進行公開市場操作）的決議內容。專家們都說經濟衰退在意料之中，電視上某個睿智的專家表示：「聰明錢（smart money）正在退場。」

　　你當然是個精明的投資人，但這時很可能還沒退場。你身陷賭局，眼睜睜看著血汗錢天天都在虧損，直覺告訴你得跟著專家趕快退場。當你把所有的投資都轉成現金，那天吃飯時覺得舒坦多了，心想只要別再賠錢就好。「呼！就讓那些蠢蛋去讀聯準會的新聞，留在市場裡輸到脫褲子，我要閃了。等到價格更低，我會再進場的。」你計算一下，覺得從整體來看，20％虧損還不算太糟，遲早會賺回來。

　　然而，消息面持續惡化。你讀的每一篇文章，都以圖表分析某家公司的裁員情況，關於聯準會祭出的所有措施，你聽都沒聽過，而且經濟局勢令人擔憂。壞消息讓你感到有些得意，因為你早已退場，但你想買回的基金與股票卻是價格不斷上揚。等到經濟看似穩定下來，基金與股票的價格已反彈到比衰退之前還高。你不但沒有在反彈中賺回虧損的20％，還得決定要不要用更高的價格進場。

　　這令你痛苦煎熬：誰願意用高價買回當初低價賣出的東西呢？等到3個月、6個月，然後9個月過去，價格比起你決定不買時又更高了。專家們在電視上說：「股價持續上揚，是因為沒有令人擔憂的因素，聰明錢全部進場了。」

　　什麼？難道你的錢不是聰明錢嗎？但你已經斷然出場，也錯失了獲利機會。專家們說現在還來得及，雖然低價已遠去，但就長期趨勢來看還早得很。有個電視名嘴說，這就像打棒球，現在只打到第三局。你心想這有道理，於是買回了先前賠掉20％的投資標的。

(S) 聰明錢進進出出，到底他們是誰？

我賭你知道接下來會發生什麼事。消息持續看好，價格也上揚好一陣子，但隨後反轉下跌，即便新聞仍一片樂觀。等到消息再度轉為悲觀，價格更是直直落。在你知道以前，你的投資標的在這次衰退中又賠掉了20%，市場充斥著壞消息，而同一批專家們透露，出場的是聰明錢——但他們到底是誰？（告訴你，現實中並沒有什麼聰明錢，這是財經媒體虛構出來的。）

你可能會得出結論：在消息看壞時買進，在消息看好時賣出。這個想法很棒也很明智，你可以試一試。先問自己是什麼構成足夠的壞消息？是第一則嚇死人的頭條新聞，還是第十則出現的時候呢？一週的壞消息夠嗎？還是一個月？一年？

當然，伴隨壞消息逢低買進很合理，但沒人知道消息還能多壞，才算最理想的買進時機。「逢低買進！」大夥交頭接耳，好像這是多麼容易的事。

投資老手應該會指著曲折的股價線圖，回應你：「哪一個低點啊？」這跟知道有多少好消息才是賣點一樣困難。市場的底部與頭部一樣難以分辨，而每個難以分辨的時刻，都為投資人提供一個撒大錢的機會。

把這些尷尬的情況不帶情緒地大聲唸出來，會讓人想要發笑。但你知道嗎？已有數不清的投資人走過這條路，投資

業界引誘他們來來回回、重蹈覆轍。回頭看時，這顯然毫無幫助，但在發生的過程中卻看不清楚。股市高低起伏，永無止盡。

　　講到錢，我們都很容易受傷，賠錢時沮喪低落，獲利時欣喜若狂，但我們選擇的進出場時機都很糟。這一切組合起來，對金融市場裡的大多數人來說，是一帖有害的藥方，但依然有上百萬人投身市場，彷彿這是他們買得起大房子、送孩子上大學，或是將來能安逸退休的唯一道路。

　　本書建立一種投資術，能將你的存款送往一條可靠的成長之路，不必拿捏市場時機。大多數學會這個教訓的投資人，都繳了高昂的學費，但是你不必。

　　能夠做到「逢低買進、逢高賣出、絕不失敗」的人，是一個虛構角色，我們姑且稱他為「事後諸葛」（Peter Perfect）。他的影響力遍及整個投資界，害得無辜大眾喪失財富。為什麼？因為他們一直聽說，低於事後諸葛的績效都是失敗的，應該努力趕上他，即便他根本就不存在。

　　散戶追逐著不切實際的獲利目標，最終賠上家當，就像模仿小仙女（Tinker Bell）的人可能覺得自己可以飛起來，而跳下懸崖，於是丟掉性命，但是模仿事後諸葛則會失去財富。

　　你的投資之旅會讓口袋變深還是變淺，取決於知道哪些投資方法無效。這將迫使我們檢視自己的本性，對成功人士來說，更是難以做到。投資股市的人多半頭腦聰明、生活順

遂。他們假設有些事情（勤奮工作、用功讀書、不隨波逐流）到哪都行得通、吃得開，在股市也一樣。但事實上並非如此，因為股市缺乏規則，無法隨著經驗累積，提升我們的直覺反應。

　　想在股市成功，要接受沒有人能知曉未來。因此，你的投資手法能贏，是因為你回應市場而不是預測市場。接下來，我將告訴你為什麼我們需要這個技巧。

1-2

聽從專家建議與明牌，還不如自己丟銅板

你是否曾經納悶，為什麼專家們誤解金融市場？為什麼你會投資失誤？為什麼人類可以發明電力、設計飛機、治療疾病、創作文學，甚至手作家具，卻對股價的未來走勢一點頭緒都沒有？

答案其實很簡單。注意所有人類成就的例子，都有模式與規則可循。我們學到的電力與物質世界的其他部分，其模式與規則，在所有的時間都適用。現在飛機會飛的理由，跟一百年前並沒有不同，而醫學研究也是建立在不變的規律之下。

另外，人們喜歡的故事也意外地永恆，這就是為什麼莎士比亞都過世四百年了，我們卻依然喜愛他的作品。一個優秀的木匠會學習哪種紋理的木材該如何處理，因此每次他看到相同紋理的木材，就知道能表現出哪種效果。

在人類努力的各種領域當中，能辨識出模式的領域都獲得成功，我們從經驗學習到的經歷，能幫助我們處理未來。

但就股市而言，儘管你可能已聽說過一些模式，可是股市的波動並沒有遵循某種模式，也就是說，你在上次崩盤所學到的教訓，未必能在這次崩盤幫上你。

股市經驗無法像人生其他經歷那樣累積，建立某種具有執行紀律的智慧。事實上，從過去學到的教訓，反而可能會誤導我們在未來股市偏離正確的道路。

大腦在接收訊息時，具有2種模式

行為經濟學或行為財務學專門研究，人類的心智與情緒在處理金錢方面如何運作。我們可以從中學到，對於賠錢的痛恨遠勝對賺錢的熱愛，這就是為什麼我們不喜歡賠錢，卻會為了把賠掉的錢賺回來，而甘願冒著很多風險，結果虧損更多。

對行為經濟學貢獻卓著的學者主要有三位：丹尼爾・康納曼（Daniel Kahneman）、理查・泰勒（Richard Thaler，譯註：諾貝爾經濟學獎得主，著作有《不當行為》與阿莫斯・特沃斯基（Amos Tversky，譯註：麥可・路易士的《橡皮擦計畫》就是寫特沃斯基與康納曼的故事）。康納曼在2002年獲頒諾貝爾經濟學獎，他把畢生與泰勒、特沃斯基等人共同研究的成果，集結成《快思慢想》（*Thinking, Fast and Slow*）一書。

這本書從決策的諸多面向提供許多深刻觀察，確定我們

在情緒上的弱點，以及在有限證據下有輕率做出結論的傾向，康納曼稱之為「所看到的就是全部」（WYSIATI, What You See Is All There Is）。

康納曼指出，**我們的心智在處理外在世界時，有兩種系統。系統一是快思，是出於本能的、自動的、情緒的。系統二是慢想，是出於邏輯的、謹慎的、理性的。**系統一很簡單，不需要太費力，系統二則很困難，比較費勁，所以我們不太願意從系統一轉到系統二，除非有絕對的必要。

親身經歷過，容易產生過度自信的判斷

康納曼的著作證實，心智在做決策時，不擅長考慮基本比率（base rates）與樣本數。

基本比率是某件事發生的頻率。如果有3％的人眼皮會跳，而97％的人不會，那麼眼皮會跳的基本比率就是3％。不過，當我問你坐在窗邊那位仁兄眼皮會不會跳時，你會忘記這個比率。你遠遠地打量這位陌生人，自問他看起來像不像是個眼皮會跳的人，大腦會跑一遍你認識眼皮會跳的人物。他的坐姿讓你想起有次在校車上，旁邊坐的那個人眼皮就會跳。

你於是做出結論：他眼皮會跳。但實際上，你對窗邊那位仁兄一無所知。眼皮會跳的人基本比率這麼低，最合理的猜測應該是他眼皮不會跳才對，但你基於有限的個人經驗做出不合理的猜測。

樣本數越多，研究的結果也會越準確，我們在本能上知道這一點，但實務上總是忘記。當你看到治癒率百分之百且毫無副作用的藥物，卻只做過五個人體試驗，你可能不願意把藥吞下肚。其實，這五個人體試驗都成功了，而且沒有副作用，在統計上是正確的，因此我們可以理解問題出在樣本數。但另一方面，當我們挖掘個人經驗，任意汲取印象最鮮明的生活資料時，往往依靠類似而樣本數少的經驗來做出定論。

我們很快就根據有限的片段經歷形成意見，忘記個人教訓有如滄海一粟。康納曼提醒我們，提高樣本數會更加精確，樣本數少容易讓人做出極端的結論。即使只有稀少的經驗，只要是自己親身的經歷，就會讓我們武斷做出判斷，篤定往錯誤方向前進，因為我們自以為是正確的。

在股市裡，情況會更糟，因為還有另一層的不確定性。不光是我們的個人經驗在股市歷史裡只是一閃即逝，即便是真理，在股市的洪流中，下次也未必依舊管用。

這讓股票交易員們孕育出一句特別受歡迎的格言：「它在失效之前都有效。」

人類大腦為我們有限的數據資料，建立了貌似有道理的故事。在股市裡，這種情況天天都在發生。每當一天結束時，股市權威會滿懷信心地報告，為什麼今天是漲或跌，但即便他們真的知道為什麼，提供的理由也往往反覆無常、任性多變。

　　我曾上過一個電視財經節目，他們邀請兩位來賓為當天的市場做個總評。一位準備解釋市場為什麼漲，另一位解釋為什麼跌，無論發生什麼情況，都有人能說點東西。

　　康納曼指出，人類的快思系統也就是出於本能、自動、情緒的反應，是很自然的：「產生過度自信的判斷，是因為覺得有把握，如我們所見，即是根據手邊所能辨識的證據凝聚而成，但人類的本能將傳遞太過極端的預測，導致過度相信。」

我們自以為能用過去經驗，預測未來漲跌

　　更令人氣餒的是，當證明我們犯錯，而我們也改變心意時，卻想不起來當初是什麼導致自己做錯結論。我們經常把錯誤合理化，有時候在股市的相關案例裡，會說服自己並沒有錯，錯的是市場。照理說股價應該要跌，或是股價應該上漲才對。最終，我們決定了自己不正確的看法，甚至有時這不是自己的看法。

　　我們真的相信（倒不如說是知道）市場會走跌，因此下回我們被證據說服時，就跟上一回搞錯方向一樣有把握，相信績效會更好，這次肯定會賺錢。

　　這個錯誤信念叫做「後見之明偏誤」（hindsight bias）。我們在反省時用它來改善自我，相信我們過去不是真的理解，現在有了後見之明，所以真的懂了。藉由思考如果上次做對了會怎麼樣，我們有加重這個問題的傾向：即便

上次犯錯,這次搞不好會做對,但是上次做錯與這次做得對不對其實沒有關係。

我們剛好聰明到足以讓自己陷進一堆麻煩,而且這堆麻煩往往跟你的金錢有關。

關於後見之明偏誤,康納曼寫到,人類大腦受制於回想過去各種層級知識的能力並不完美。當我們得出一個新定論,會失去對上個定論的理解,以為自己一直都是相信現在這個新定論。這將我們的記憶縮減到最小程度。過去的事態發展令我們感到錯愕,並創造一種錯覺,認為自己理解的過去就是現在呈現的樣子,然後自以為我們對過去瞭若指掌,因此當然能預測當前事件的結果。

在這種鑑往知來的錯覺中,我們覺得自在。比起承認我們實際上不知道為什麼過去會發生這種事,未來又將發生什麼事,這樣令人放心多了。

你可能只輸一次,就把連勝的獲利賠光

你可以丟個銅板打賭,任何人在市場上,多少都會好運地獲勝幾次。你會看見他們的信心高漲、驕傲膨脹。更重要的是,他們得意洋洋展現想法,投注的金額也越來越高。「上次這樣做賺了30%,卻只投入1萬美元。假如下次投入5萬美元會怎麼樣?」

當處於優勢時,我們不知道市場裡短暫的獲勝是隨機發生,也看不到有三分之二專業經理人吃了敗仗。當處於優勢

時，我們不願承認一次投資失誤，就足以讓過往賺到與累積
的錢全部賠光。你可以連續4次都贏錢，但如果第5次錯得夠
離譜，就會回到原點、一無所有。

康納曼對於行為的結論是：「幾乎所有的投資人，無論
他們是否知道自己在選股。只有少數的人知道，其實都只是
在玩機率遊戲。交易員個人的主觀經驗，讓他們在高度不確
定性的處境下，能做出合理、合乎經驗或專業的猜測。然
而，在高效率的市場裡，相較於瞎猜，根據經驗或專業所做
的猜測並沒有比較高的準確度。」

怎麼會這樣？因為在競爭的環境裡，每一個人都掌握相
同的資訊，所以誰都沒有優勢。

市場的新進者認為，讀懂資產負債表、細心琢磨管理階
層的談話、與競爭者會面等等，就能開闢新天地。他們沒看
到的是每個人都在做相同的事。而且，光是了解一家公司或
整個市場的前景，還不足以在未來的價格走向上做出睿智的
決策。

其實我們知道的，別人也都知道。我們有時候會贏，有
時候會輸，就跟其他投資大眾沒兩樣，但現在我們將終結這
種僅僅達到平均績效、卻自以為比別人更有本事的幻象。

這種「本事的幻象」是很有說服力的。如果你的績效在
投資經理人當中排名前3.1％，是1萬人裡連續5年績效排名
前313名，你當然會感到驕傲，大部分人也會認同這很厲
害。但是，納西姆・塔雷伯（Nassim Nicholas Taleb）並不

同意，他在2001年的著作《隨機騙局》（*Fooled by Randomness*）裡，指出這樣的結果只是機率問題。

想像一場公平競賽，當中的投資經理人有50％機率獲利，50％的機率虧損。誰賠錢後就把他踢出競賽，以丟銅板打賭每個經理人在第一年的表現——正面代表獲利，反面代表虧損，當中有5千人會虧損並淘汰出局。接下來每年都如法炮製。在第一年年底保留比賽資格的5千名經理人，隔年將再度淘汰一半，變成2500人，第3年是1250人，第四年是625人，到第5年時剩下313人。

從上述塔雷伯的實驗可以得到一個結論：「在一場公平的競爭裡，有313名投資經理人連續5年都賺錢，純粹是出於運氣。」

但是，別人不會說這是運氣，而是說這些經理人聰明絕頂，將登上雜誌封面，成為想挖掘股市成功祕訣的主角。但他們往往提供矛盾的建議，例如：「買進更多潛力投資標的」，卻又要「以低於平均價格買進被拋售的贏家」，可說是充斥著「存活者偏誤」（survivorship bias），這種錯誤著眼於晉級的個人與公司，沒有跟被淘汰出局者做比較。

這就是為什麼我們會聽到一個跑者在比賽中勝出，是因為他每天在日出前都練跑好幾個鐘頭，卻無視輸掉的人其實也做相同的事。

這些投資贏家會被讚揚、被看見，但他們沒有人會詳談，在投資過程中面對許多不確定性，有無數因素是無法控

制的，能一路過關斬將全憑運氣。康納曼寫道：「當紅利這麼高，一個人能獲利只是因為猜測，會格外令人難以接受。假裝是根據專業知識才成功，往往是比較討喜的解答。」

由此可見假裝具備專業知識與幸運，在股市裡就是一種「本事」。

即使能歸納出模式，在股市裡也無效

人類已經進化到可以辨識模式。我們只要看出模式，就能學會回應模式的最佳方法，為再次碰到相同情況做好準備。路溼會滑，所以我們騎車經過時會更加小心。火爐可能很燙，所以我們接近時會更加謹慎。即便某條溼路不是特別滑，或是在火爐前面，小心準沒錯。

那麼，為什麼在股市裡辨識模式會失敗？因為我們隨機看見的模式實際上不存在，或者即便市場模式是存在的，也無法再度呈現。就像每天都有黎明、白天與夜晚，許多複雜的股市軌跡也都有類似的特徵。這讓我們本能地被吸引，想要看出模式，以便碰到相同範圍時知道該怎麼辦，然而當前事件的路線分岔出一條不同的路。

人們往往先編造看法，才找證據來支持

麥可·薛莫（Michael Shermer）在2008年11月25發行的科普雜誌《科學人》（*Scientific American*）裡，說明了這

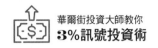
個辨認模式。他把我們的大腦稱為「看法引擎」與「模式辨識機」，會對我們在大自然中看見的模式，賦予自己認為的意義。

有時候不同事件會彼此產生關連，有時候不會。有關連存在之處，例如：火爐很燙所以應該當心，我們從注意火爐獲得某些價值，進而調整行為，增加存活與繁衍的能力。人類這種對關連性的學習力，是我們與其他倖存動物的共同特徵。

正因為辨識模式的能力幫助我們生存，也難怪我們遇到什麼狀況，都會求助於它。但是我們拙於看見它的侷限，即便它對建立可靠模式沒有傳導力，還是照用不誤，在股市方面就是如此。

我們太過敏銳，以至於在毫無意義的雜訊裡，也能找出有意義的模式。薛莫把這種傾向稱為「模式化」，在他2011年出版的《輕信的腦》（*The Believing Brain*）中主張，人們往往先編造看法，然後才找出證據，創造一個故事來支持我們的詮釋。如果一個看法夠強烈，便很快在腦海中萌芽，就像有一隻看不見的手，轉到一個證據確鑿的頻道，看不到另一個頻道的不利證據，並漸漸發展成比最初的看法更強烈的事實。

這就是所謂的「確認偏誤」（confirmation bias）：篩選資訊後進行詮釋，以符合一個已有定見的看法。舉例來說，如果你去年夏天在股市裡賠光資金，就很可能對於今夏

的股市戒慎恐懼。你認為股市一定會再度走跌，看不見的手會伸向市場的空方評論，並且聚焦於不好的經濟數據，以強化你的看法。

市場權威提供的意見，往往零效度

　　事實上，股市有極高的潛在賠錢傾向。在隨機的數據當中，我們可以看出模式，並根據這些無意義的模式構成看法，然後為了確認這個看法，開始蒐集相關資訊。當我們的模式探測儀與股市隨機產生的結果相抵觸，便會用有憑有據的故事告訴自己，為什麼股市一定會上漲，或是一定會下跌。然而，最後的結果相當於平均績效，根本不值得花這個力氣。

　　康納曼寫道：「學習技能需要兩個基本條件：其一是環境有充分的規律且可以預測；其二是透過持久的練習，有機會學習這些規律。當這兩個條件都滿足時，敏銳的洞察力就有可能讓技能爐火純青。」但股市不符合上述條件，因為「選股者與政治科學家是在零效度意見的環境裡，做出長期預測，他們的失敗正反映出他們嘗試預測的，是難以預見的事件。」

　　請注意，「零效度意見的環境」這個名詞極為關鍵。我在本書中會不斷提到「股市是意見零效度的環境」這個重要概念，並將其簡稱為「零效度意見」，用來指出市場本身或權威專家提供的股市意見，有50%的失敗機率，都是零效度

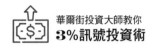
的。後面章節將加以解說。

康納曼建議，直覺是否可靠，要視環境是否有充分的規律而且可預測，以及參與者是否有機會學習這些規律。如果這些條件都符合，你可以相信一個人的直覺。但是股市的條件不符合，這代表你不能相信任何人對市場未來走向的直覺。

1-3

判斷選股能力的
關鍵數字是什麼？

　　到目前為止，我提出一個與投資相關的最關鍵數字：50，並加上百分比。幾乎每一份針對股市參與者的研究，無論對象是專家或散戶，結論都是他們只有50％的準確率。這跟丟銅板出現正面或反面的機率一樣，也就是為什麼常看到用丟銅板來比喻投資人。

　　我們有一半的時刻是錯的。重要的是，你必須在面對每一個股市預測或想法時，都用這個事實來感受其風險，無論它們看起來多麼可信。

　　專家們總是令人敬畏，他們是金融業者、大規模資金的經理人、長期的市場先知，還有赫赫有名的公司總裁。有一家名為CXO顧問（CXO Advisory）的投顧研究公司，從2005年至2012年，追蹤了68名訓練有素的專家，對美國股市所做的近6,600則預測。最早的例子可追溯到1998年，最新的則在2013年，這可以讓我們好好審視，在不同環境下運用不同方法的代表性績效。

結果發現了什麼？這些預測的平均準確率只有47％，甚至比丟銅板預測的準確率還低。

丟銅板會發生許多有趣的事，其一是會製造出「5年後的市場贏家」。「隨機」在我們看來並不隨機，它反而往往比大眾認為得更有條理，用趨勢伴隨著故事，來解釋為什麼現在市場即將漲或跌。

例如，在一系列丟銅板的結果裡，得出正面或反面都很尋常。大部分人會覺得，「正正正正正反反反反反」看起來比「正反正反正反正反正反」更不像隨機出現的結果，但就統計學而言，兩者出現的機率是一樣的。

想要了解在股市裡對隨機預測所產生的錯覺，請看下頁圖表1-1，是我用程式跑出來的結果。帳面初始金額是1萬美元，我共丟擲50次銅板。正面代表增加5％，反面代表減少5％。

難道這不像是你在股市裡看到的玩意兒？對我來說就是這樣，而且我恰好聽見有專家說，當帳面跌到9千美元以下，代表「趨勢明顯走跌」，並建議你跟著聰明錢出場觀望，等漲到1萬1千美元以上再進場。

當趨勢線「打底」到8千美元時，多方主張這是支撐市場反彈的底部，而空方則認為價格在8千美元停留一段時間後，會進一步下跌，因為「這裡還不是底部」。等價格回到9千美元，多方會說早就告訴你們了，而空方則會說市場只是在苟延殘喘。

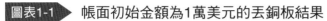

圖表1-1　帳面初始金額為1萬美元的丟銅板結果

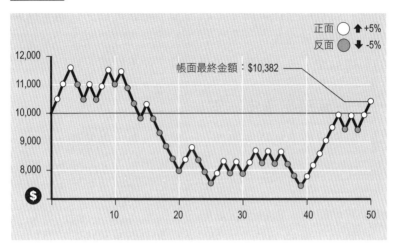

　　這齣戲只要連丟幾次銅板就能心領神會。以下是我在辦公室裡連丟幾次銅板的結果：

　　正正正反反正反正正反正反
　　反反正反反反反反正正反反反
　　正正反正反正正反正反正反
　　反反正正正正正正反正反正正

　　請注意丟50次銅板會出現多少種軌跡，我在上列三種或更多種完全相同的結果裡，丟出了6種軌跡。

還記得前文中提到，成功的軌跡會進入腦中欺騙我們，讓我們以為自己比實際上更厲害嗎？隨機的結果提供了技能謬誤的證據。

⟲ 在華爾街漫步一下

股市最有名的隨機事件，出現在波頓・墨基爾（Burton G. Malkiel）於1973年的《漫步華爾街》（*A Random Walk Down Wall Street*），他的觀點應該沒什麼好爭論。墨基爾簡潔中肯地說明，市場是有效率的，每個人在同一時間都掌握相同資訊，導致消除了每個人的一切優勢。因此，長期來說，單純持有指數型基金的投資人在股市的此消彼長裡，績效會更好。

指數型基金是指非託管的股票投資組合，讓投資人可以購買整個市場，而不必挑選個股，或是看哪幾家公司表現比較好。

墨基爾在2012年《漫步華爾街》第10版裡說：「股票的市場價格十分有效率，就連由黑猩猩矇著眼射飛標所選出的投資組合，績效都跟專家們一樣好。40年過去了，這個命題顯然經得起考驗。超過三分之二專業經理人的績效，輸給未託管的標普500指數5（S&P 500 Index5）基金。」

墨基爾的「隨機漫步」（Random Walk）比喻，提到了前文我丟50次銅板、畫成圖表的結果。每丟一次銅板的結

果，都與上次、上上次及之前丟銅板的結果沒有關係。所以，根本就不必花錢購買獲利預測或是研究圖表，因為根本沒有效。

專家的績效，低於矇眼射飛標的猩猩

你絕對不會在投資界裡聽見，也沒有分析師會事先告訴你，他們在股票投資上，會受到多種偏見與謬誤所影響，而且績效低於矇眼射飛標的猩猩。相反地，他們會向你展示令人信服的產業概況成長率、公司的歷史獲利、經理人大膽進取的創新投資手法，以及根據他們認為的合理假設所擬訂的新規畫。

缺乏確定性，還做什麼分析？

假設中其實埋伏著危險因子，某個大學教授總是說：「各位，不要想當然耳地認為事情該是怎麼樣！這會讓你我都變成白癡。」然而，沒有了確定性，還做什麼分析？

投資章程被要求寫明：「過往績效不代表未來投資結果。」這沒問題，但拜託說一下打算怎麼分析未來好嗎？因為未來根本就還沒發生，我們擁有的只有過去。由於不保證未來績效，代表這整個行業都不為你保證什麼。

分析師必須假設、規畫，並且為變動因素賦予價值，而這一切本來就無法精確。然而，結尾所附的複雜公式傳達篤

定的答案,卻給予人們精確的錯覺。慘的是,這些公式實際運算起來,因為變動因素彼此關連,無法提供任何預測。電腦工程師稱之為「垃圾進,垃圾出」(garbage in, garbage out)。

如果我們無法相信,帶入公式的東西具有預測力,於是無法相信算出的結果具有預測能力,那麼到底要公式做什麼用呢?

這讓我想起一個老笑話。有數學家、會計師與經濟學家應徵同一份工作。面試官問數學家:「2加2等於多少?」數學家回答「4」。面試官把會計師叫進來,問了相同問題,會計師回答:「大概是4吧,差個幾趴而已。」最後,面試官把經濟學家叫進來,也提出相同問題,只見對方站起來把門鎖上、拉下百葉窗,靠近面試官坐下,悄聲說:「你希望怎麼加呢?」

如果將經濟學家換成證券分析師,將算數換成計算公司的公允價值(fair value,譯註:根據國際會計準則IAS16,指在公平交易下,已充分了解並有成交意願的雙方,達成資產交換的金額)或是未來的股市收益,這則笑話依然成立。

既然有很多我們不知道的變動因素,於是有很多理由質疑某人對一檔股票未來價值的猜測,但最終極的未知數是市場怎麼想,以及當未來一些新聞與特定公司的消息出現時,會如何反應。

即便有人能夠在貼現現金流(discounted cash flow, DCF,

譯註：多半用來分析投資機會，方法是將未來某年的現金收支，折算成目前的價值）分析裡，弄對每個變動因素，神準猜對一檔股票的公允價值，市場價格或許也不會朝著這個數值前進。一家公司很可能在年度的進帳與支出上，都精準達成年度目標，卻眼睜睜看著股價偏離公允價值。結果，到底公不公允要問誰？

股市投資沒有必勝公式

我們都被股市公式給騙了，因為在生活的其他領域，我們都學會要信任公式計算的結果。不像股市是零效度意見的環境，生活的某些區塊提供我們規律性，可加以衡量，並透過年復一年的研究與練習，對其更加理解。這便是康納曼提到的，培養可靠直覺的必要條件。

醫界人士習慣運用公式，我喜歡拿醫療與股票產業來比較，因為它們都在高風險中營運，也都得做出艱難的決策，同時仰賴公式與計算來改善判斷的成果。兩者之間的差別在於，醫療公式成功率高，能累積信心，而股票公式則有如丟銅板，很難令人放心。這是因為醫學公式的要素都經過歷史考驗，而大多數股票公式的要素，都會因環境、時間產生不同結果。

在仰賴公式的醫療產業裡，產科主要是負責懷孕與生產的範疇。我猜比起最專業、最周全的股市預測，你會更相信藥房裡普通驗孕棒測試的結果。其實，驗孕棒有99％準確

率，而股票則大約是50%。除了驗孕之外，即便是充滿不確定性且令人不安的生產過程，醫師所提供的確定性都遠優於股市。

1952年，麻醉科醫師阿普伽（Virginia Apgar）發展出一個公式，讓醫師能快速評估新生兒的健康情形，這個公式被命名為「阿普伽新生兒評分」（Apgar Score），英文字母代表必須確認的5項指標：外觀（Appearance）、脈搏（Pulse）、反應（Grimace）、活動（Activity）、呼吸（Respiration）。

外觀是看嬰兒四肢的膚色，從危險的黑紫色到健康的粉紅色；脈搏是看心率，從0到超過100；反應是衡量嬰兒受刺激時的反應；活動是看肌肉張力與肌力；呼吸則是為呼吸力評分（從微弱到哭聲洪亮）。

醫師會檢查新生兒，並為每一項指標打分數，每一項打0分、1分或2分，加總後的分數就是阿普伽新生兒評分。7分以上代表健康，4到6分代表有風險，低於3分則屬於危急。

由於產科醫師在其職涯裡，觀察過成千上萬個新生兒，而生物因素對新生兒的影響是固定不變，因此醫師會逐漸專精判斷阿普伽的5項指標。

實際上，專業的開業醫師為這些指標打分數時，不需要太多的人為判斷和測量，顯示出其極高的一貫性。

如果證券分析師負責評估新生兒的健康，他得領先6個月，告訴你新生兒的阿普伽新生兒評分，落在每個範圍的百

分比，討論孕婦的健康，以及為何建議6個月後將落在幾分，但實際上他根本還沒見到這個嬰兒。這不是他的錯，因為每個人都要求，要提前6個月預知股市的阿普伽新生兒評分，即便是阿普伽本人都無從得知結果。

　　醫師只能在嬰兒出生後，才告訴你阿普伽新生兒評分落在幾分；相同的道理，分析師也只能在股價出現後，才告訴你股票的價格。過去與現在都很容易理解，難以處理的是未來。

　　在阿普伽新生兒評分法之前，醫師判斷胎兒健康是靠測量心率、羊水量等因素，來建立生物物理學的評估，這已準確到足以大幅降低死亡率。根據一份1990年代的研究，發現每千名孕婦中，胎兒生物物理評估（biophysical profile，譯註：指以超音波與心率儀等來監測胎兒並進行評分「胎兒生物物理評分法」）的漏診率有0.008％。股市最好能這麼精確，我想華爾街的漏診率應該是50％吧。

　　股市公式在產生糟糕的建議時，會讓我們雪上加霜，這經常是因為它們並不可靠。但我們寧可信任看似實在的公式，也不願相信這只有50％的成功率，然後在失敗、不盡人意當中沮喪不已，不去思考生活中的其他面向，公式出錯的風險終究比醫學高出太多了。醫學只處理生死，但股市處理的是錢。

$ 聰明人知道自己無法知道未知

投資公式不可靠，是證券分析師的錯嗎？指責這些股市老師不知道沒人能知道的事，似乎不公平。但話說回來，這些人應該告知他們的侷限，並停止根據不可靠的預測，提供虛假的投資建議。

在《快思慢想》中，康納曼提到這樣的研究：對於25位在同一家公司待超過18年的財務顧問，計算其中某些人每一年的績效數據。康納曼找出顧問們在技術上的差異，藉此來為他們的表現排名。他計算每兩年排名之間的相關係數，獲得28個結果。「我知道理論，也有心理準備會發現技術持續力的證據薄弱。但我還是很意外，這28個相關係數的平均值是0.1，換句話說等於零。這顯示無法找到績效與技術差異的相關性，表示你該期待的是擲骰子比賽，而非技術競賽。」

當康納曼和他的夥伴理查・泰勒（Richard Thaler）向投顧公司的高層，提出他們的研究結果時，發覺這些人一點都不驚訝。公司一切如昔，每個人對這項威脅自身職涯與自尊的消息視而不見。比起有關自身投資績效的統計事實，投顧們更加相信自己對複雜問題的謹慎判斷。

後來有一位高層，滿懷戒心地告訴康納曼，他為公司做的研究是成功的，沒人能貶低他的成果。康納曼保持禮貌性的沉默，但疑惑：「如果你的成功主要來自機率，有資格為

此居功多少？」

　　只要投資產業繼續賺錢，就永遠不會改變。沒必要期待這個世界會有所不同，可是我們應該保護自己，對抗投顧們永無止盡、沒憑沒據的投資建議，最好的方法是不予理會。投顧們不知道未來，他們的客戶也不知道未來；這些人坐領高薪，但客戶因為他們的無知而遭殃。

　　有位精明的股市觀察家斷言：「沒有人能知道一檔股票、某個產業或市場的未來，因為本來就無從得知。然而，我還是可以比其他人聰明一點，因為我知道我無法知道未知，而且在面對這樣的不確定性時，找到方法讓我的錢成長。」

　　生活本身就充滿不確定，股市當然也是如此。想想歷史上所有的轉捩點：當一個國家差點就打勝仗，當一個候選人差點就當選，或是一個球隊差點就奪得冠軍。想想你人生當中，有幾次原本該往東走，最後卻朝西而去，或是婉拒一個本來打算接受的邀約，生活是如此奧妙且不可知。

　　股市以外的生活明白告訴我們，未來只是某人的臆測。我們在生活的其他層面，學會與這樣的不確定性共存，卻因為某些原因，而認為專家們知道股市的未來。他們不知道是因為他們無法知道，而我們也是如此。一旦我們同意這一點，就能尋求更好的方式，讓自己的財富好好增長。

1-4

人人都想打敗大盤，
但往往都失敗收場

目前為止，用膝蓋想也知道，人類過去想要打敗股市，都失敗了，讓我們看一些代表性的研究。

一份2010年2月號《金融雜誌》（*Journal of Finance*）上的報告，其標題為「發現共同基金績效不實：估算相對收益時衡量運氣成分」。作者巴拉斯（Laurent Barras）、斯卡利萊（Olivier Scaillet）與維莫斯（Russell Wermers）三位教授，從1975年至2006年底，歷時32年、研究了2,076位基金經理人後，發布他們的研究發現。

結論顯示，99.4％基金經理人不具備選股能力，只有2.4％具備短期選股能力，而且在長達32年內，只有0.6％都打敗大盤指數，這在統計上與零沒有分別。此外，在過去20年，具備選股能力的基金經理人迅速減少，而不具能力的則大幅暴增。

這些教授發現，在這麼多被動式基金可供選擇的情況下，投資人對基金經理人表現不如預期的容忍程度，是難解

之謎。

　　在本書的投資方法中，我們只運用這類被動式基金，以低費用達成較高的投資績效。

(S) 投資要有74%的準確率，才能勝過大盤

　　事實上，如果想打敗被動式管理的指數型基金，所需要的抓中市場時機的準確率，高到出乎預期。1990年的諾貝爾經濟學獎得主夏普（William Sharpe），創立夏普指數（Sharpe ratio），用來衡量經過風險調整的投資績效，1975年的《金融分析家雜誌》（*Financial Analysts Journal*）稱他為「市場擇時的巨人」（Gains from Market Timing，譯註：指對投資進出場時機的掌握，與對整體證券市場的預測）。

　　夏普發現**要抓準市場時機，需要74%的準確率，才能打敗承擔相同風險的被動式投資組合。俗話說「三中二也不壞」，但股市需要四中三。**

　　在2013年7月的報告〈超越績效的坎坷路〉（The Bumpy Road to Outperformance）裡，先鋒投資公司證實，相當多的研究顯示，平均來說，主動式管理的股票型共同基金的績效，低於各自的參考指標（benchmark）。

　　運用晨星（Morningstar，創立於芝加哥的投資研究公司）的數據發現，美國在1998年至2012年間，共成立了1,504檔主動式基金，只有55%存活。在這55%當中，有三

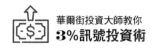

分之二存活者的績效輸給指數，只有275檔基金或大約18％
的存活者勝過指數。持有這275檔贏家中的一檔，是易如反
掌的事？

　　你想都別想。先鋒發現：「幾乎所有超越績效的基金，
總共267檔、占97％，都至少經歷5個年度，每年都落後於他
們的風格指數（style benchmark）。事實上，超過60％有7
年甚至更久，是績效不理想。」意思是，這些贏家基金在個
別年度是表現不佳（見圖表1-2）。

圖表1-2 從1998至2012年，275檔成功基金在年度表現
不佳的數量

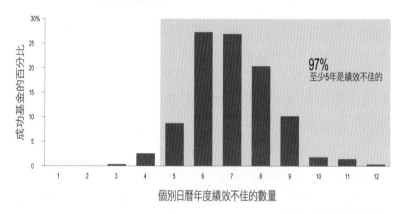

（經先鋒集團許可使用）

　　不幸地，這還不是最令人不安的事。先鋒發現，更慘的
是「對許多投資人來說，連續3年績效不佳，代表一個撤資

的臨界點」。因此，先鋒篩選出營運長達15年、打敗參考指
標，又排除連續3年績效不佳的基金之後，宣布：「在最初
的1,540檔基金當中，只有94檔、占6％，符合這個標準。三
分之二表現超越大盤的基金，都經歷至少3年的績效不
佳。」圖表1-3說明了這個贏家圈子有多麼小。

圖表1-3　確認1540檔基金的績效

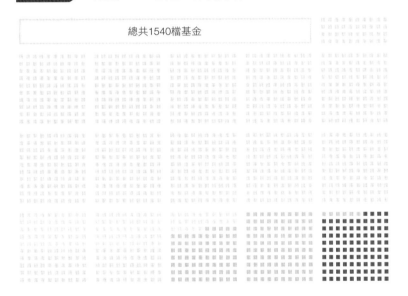

■ **12%** **181檔基金** 倖存、績效優於大盤，經歷至少連續3年的績效不佳
■ **6%** **94檔基金** 倖存、績效優於大盤，且未曾經歷連續3年的績效不佳

在1540檔基金裡，只有6%倖存、績效優於大盤，
且未曾經歷連續3年的績效不佳。

（經先鋒集團許可使用）

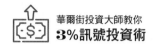

　　我想你已經明白，絕大多數的經理人都輸給市場，即便是贏家也經歷長時間的虧損，導致投資人還沒有從最終勝利中獲利便撤資。其中最重要的是，在過去表現較佳的經理人只有鳳毛麟角。老實說，這些事實對我們沒有幫助，因為誰都不知道未來的贏家在哪裡。

執行摘要 /01

　　我們誤以為自己的有限經驗能駕馭錯綜複雜的股市，因此很難掌握進出股市的最好時機。記憶會隨著時間產生變化，讓我們自以為可以預測未來，並且錯把幸運當成本事。

　　我們以為看見模式，但其實根本沒有，而且在股市這種零效度意見的環境裡，無法磨練直覺，因為過去發生的情況在未來不一定會重演。

- 在生活的絕大多數時刻，辨識模式都很有用，因為它建立在重複、可靠的規律上。但如果運用在股票上反而有害，因為資產價格的波動沒有精確的模式可循。
- 自負與記憶力差使我們很難抵擋後見之明偏誤，誤以為自己一直都知道。我們忘記自己會誤解過去或是加以合理化，而認為我們一直都沒誤判過，錯的是市場。
- 我們錯把幸運當成能力而更加有自信，為了未來的想法而投入更多資金，結果因為後頭的錯誤而揮霍先前賺得的獲利。
- 股市預測的準確率只有50%，跟丟銅板的機率一樣。在這個可能性隨機各半的環境裡，我們辨識模式的傾向造成自己被具備預測力的錯覺所害。

The 3% Signal

NOTE

NOTE

第 2 章

用3％訊號線駕馭波段，年賺12.6％

2-1

由6個構成要素，建立3％訊號投資術

接下來，我們看看在股市裡到底什麼有用：3％訊號投資術（簡稱3％訊號術）。你將拋棄零效度意見，開啟3％訊號線，一年只要4次，而且已經證實有效。

我們先扼要說明3％訊號投資術，接著探討價格波動，這是3％訊號術子彈背後的火藥。股價只會有三種走勢：上漲、下跌或盤整，股價以自己的步調在這三種方向之間轉換前進。

面對這種不可預期的波動要想獲利，大家都知道應該低買高賣。如果我們運用算數技巧把這個流程自動化，那麼連隨機的價格變動也能為我們所用，而不是逆向操作。就像丟銅板的例子，即使無法預知銅板丟出來會是哪一面，但是結果出現時，我們知道該怎麼應對。

根據這樣的觀念，**波動是美好的，我們需要價格變動才能從中獲利**。如果價格不變，我們把錢投入股市，就像丟進沒有利息的銀行帳戶一樣。然而，當我們看到預兆的力量造

成賠錢，最終買高賣低時，波動也可能變得凶險。若是運用3％訊號術，我們可以理性地回應波動，在價格變動裡低買高賣。

⑤ 3%訊號術基本款，有6個基本要素

3％訊號術總共有6個構成要素。以下先簡略說明，以便讓你明白我們將前往何方，之後會讓你更加理解，為何這個投資術有效且出奇地實用。這6個構成要素是：

- 在有薪資收入的期間，把大部分資金放在成長型投資工具。
- 在我們退休後，把小部分資金放在安全型投資工具。
- 在成長型與安全型投資工具之間，設定資金配置的目標。
- 在資金配置達標時，安全型投資工具必須再平衡，以回到原先的目標。
- 我們成長訊號如何選擇時機。
- 選擇成長目標。

然而，這些要素的界定是有彈性的。例如，成長型投資工具可以是大型企業股票基金，或是投資於低價股的篩選式股票基金（screened stock fund）。安全型投資工具可以是

貨幣市場基金、債券基金，或是其他任何波動沒那麼大的投資標的。

至於資金配置，可以設定成長型與安全型投資工具各半，或是為了成長性或安全性而調整比率。如果兩者的比率是20：80，這樣很安全，但資金不會成長太多。如果兩者是80：20將極具成長性，但波動也會跟著變大。

在選擇時機的構成要素裡，為了成長目標，我們可以具體指定調整股票基金的頻率：每月、每季、每年或其他頻率。成長目標由你自行設定，可以每月2％、每季4％或是每年11％。

稍後，我們將探討這些構成要素的不同排列組合。不過，有一個預設的不敗組合，那就是3％訊號術的「基本款」。在每個人受雇期間的大部分時間裡，這個組合都很管用。當我說到3％訊號術時，就是指基本款，其構成要素為以下幾點：

- 用一檔小型企業股票基金做為成長型投資工具。
- 用一檔債券基金做為安全型投資工具。
- 資金配置是成長型80％，安全型20％。
- 當債券部位資金來到30％時，便觸發再平衡機制，須讓資金回到80：20。
- 每季確認一次。
- 成長目標每季3％。

　　在每季季末，請檢查股票基金的帳戶餘額，如果成長3％，那什麼都不必動。如果超過3％，就把多出來的部分賣掉獲利，將錢轉進債券基金。如果低於3％，就把債券基金裡的錢轉進股票基金，直到這季成長達到3％為止。如此一來，你將穩定地從價格波動當中提取利潤。

　　想像這條3%訊號線在線圖裡往右方上升。在每一季結束時，你的股票基金帳戶結餘，不是在這條訊號線的上方就是在下方。你可以在這兩者之間畫上陰影，深灰色是訊號線之上的獲利盈餘，淺灰色是訊號線之下的獲利缺口。你每一季要執行的是賣出盈餘或補足獲利缺口，好讓你的股票餘額完美地回到訊號線上，情況看起來就像是圖表2-1。

圖表2-1 沿著3%訊號線，賣出盈餘與購買獲利缺口

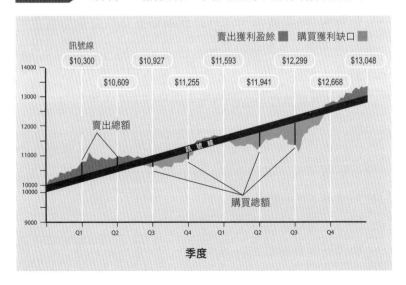

　　這個簡單的方法能打敗大盤，靠的是排除雜訊。你不需要也不會想要任何人的投資意見。這個方法是回應「確實」發生的事，而非嘗試預測「可能」發生的事，而且唯一要注意的就是每季的收盤價。為這個投資術提供燃料的是實實在在的數據，而非什麼徵兆。

　　這個方法能幫助你獲取的報酬率，比誤信那些專家還要好，就能夠鎖住3％的成長率，輕鬆又沒壓力。它將自動成為你財務生活的重要環節。

　　接下來，帶領你審視3％訊號投資術的構成要素，再加兩個用來提高績效的規則：一是「跌30％不出場」規則，讓你可以維持滿手的股票，等待崩盤後的反彈；二是運用「底部購買帳戶」，當股票跌價大拋售時，可以為買進訊號提供資金。

　　想實施3％訊號術，你只需要兩檔便宜的指數型基金：一檔股票基金，一檔債券基金。這表示你在哪裡都能運用這個投資術，例如：401（k）帳戶、個人退休帳戶（IRA，譯註：一種投資自負盈虧、但具稅務優勢的退休金帳戶），或是一般的券商帳戶。

　　退休帳戶是實施3％訊號術最佳所在，因為這能讓你追求賣出訊號，又不必擔心課稅吃掉獲利。把你的退休與其他目標轉換成3％訊號術，生活將不必再為了大盤上上下下而提心吊膽，還能降低成本，大幅提升投資績效。

　　你可以從此跟許多投資法中充斥的零效度資訊，以及毫

無頭緒的焦慮說再見，並且立刻啟動可摒棄臆測、一年只打擾4天的理性投資術吧。

2-2

當股市震盪劇烈，
即使風險高也是賺錢良機

　　平靜無波的線圖不會帶來獲利，我們身為投資人得視股價波動是無可避免的，就像股海裡的潮來潮往。但是，媒體把這種自然不過的現象炒作成興奮與痛苦的動人故事。不過，當過濾這些故事，掌握低買高賣的原則時，波動就會成為我們的朋友。

　　可惜我們天生就不擅長關閉雜訊，更不善於關閉親友傳來的雜訊，以及他們分享見聞的渴望。財經媒體知道如何利用專家與證據，來創造有說服力的個案。後者的進攻方式經常是在媒體宣稱，某些市場指標已來到歷史新高。例如，紐約證券交易所的成交量攀升到一個數字，是18個月來首度出現。你一定會認定這是重要推論，結合這一點與當下股價漲跌，你對於接下來不確定的走向變得玻璃心。

　　總是老調重彈的專家們會慫恿你，在空頭時說「股價該熄火了」或「現在股價已無出錯空間」，而在多頭時則說「還有上漲空間」或「壞消息已經出盡」。

然而，你真正需要知道的只有：股價的變動可以為你所用。股價到底為什麼上漲並不重要，漲了就是漲了。而且，目前的漲跌完全不會影響未來股價將更高或更低的機率。

你只能知道「已經發生」的事，而非「可能發生」的事。凡事都有可能發生，那何必費心思猜測呢？就留給專家們去煩惱吧。

⟲⑤ 添加自動化機制，讓股市波動為你所用

投資標的波動越大，從中獲利的機會就越高，壓力也越大。**人在情緒上比較容易接受低波動，只是低波動可圖之利就很少。人在情緒上很難接受高波動，但是高波動可圖之利比較高。**多數的理財顧問會建議，在投資組合裡，高低波動的資產必須求取平衡，後者的穩定性將讓我們有信心繼續投資，前者則能帶來強勁的獲利。

但是我的建議不一樣。在反覆無常的走勢裡，與其光是仰賴令人安心的低波動資產，還不如添加一個自動化機制，讓波動為你所用。如果我們自動執行低買高賣，讓價格變動變得更有趣，就會對價格波動感到自在，不再害怕賠錢或渴望獲利。

這個自動化機制的自在與效率，讓我們可以在一個波動更大的市場裡，專注把錢養大，獲得更好的長期績效。很少有理財顧問這樣建議投資人，因為較高的價格波動會使人對

這個投資術意志不堅。其原因在於，大多數的投資無法在低價出現時發出買進訊號，在高價時發出賣出訊號。

但3％訊號術能夠做到。為什麼它能取得更佳的報酬呢？理由有二個：第一，市場中波動較大部位的漲幅，最終會高於比較平淡無奇的部位；第二，自動化的低買高賣將會放大績效。

關鍵在於，要讓市場的波動為我們所用。其實，只要善用3％訊號術，波動就能提供獲利，而不需要感到恐懼。因為這種投資術不可能讓你破產，股價下跌正好提供機會，讓你為了往後的獲利而調度資金。每天看著解盤分析來回衝殺股市，反而會賠錢。

閱讀本書，你將完全專注於市場波動所造就的股價，而不是老想著未來的股價是多少，讓投資走得更長遠。總而言之，波動是機會，而且你將讓它開始為你工作。

2-3

投資回歸到指數基金，績效就會超越大盤

　　回顧前文的證據，加上成堆的研究報告，相信許多投資人已經放棄了進出股市拚搏，回歸到指數型基金的陣營。就連股神華倫・巴菲特，也在2007年5月公司股東會的記者會上表示，大部分的投資人最好持有低成本的指數型基金，而非把他們的錢交給經理人或自己選股。

　　巴菲特說：「**成本極低的指數型基金的績效，將打敗大多數的業餘或專業的經理人。**」股神的績效前無古人、後無來者，他的見解值得人們關注。

　　最近幾年，巴菲特的績效都沒有打敗標普500指數，而且他下達明確指令，贈予妻子的信託基金組合，是10％的政府公債與90％的標普500指數基金。

持有ETF，屏除掉讓你傷神的雜音

　　持有「指數型證券投資信託基金」（Exchange Traded

Fund，ETF），不必做任何判斷。這類基金不臆測股市漲跌，不在意經濟發生什麼狀況，不關心有什麼振奮人心的新產品發表。

以標普500指數為例，這一檔基金的成分，包含了標準普爾公司（Standard & Poor's）負責維護的500家大型企業，而羅素2000（Russell 2000）指數基金則是囊括2千家小型企業股，指數裡的股票稱為「成分股」。多數指數型基金持有所有的成分股，且其權重比率與指數本身相同。

特別是大型指數，例如：道瓊工業平均指數、標普500指數，被稱為「市場」。當我們持有指數型基金，就等於投資整個市場，沒有企圖挑選出集合起來績效會更好的股票。

這麼做之所以有效，是因為費用便宜，而且績效勝過大多數專業經理人。無論哪一年，都有三分之二專業人士的績效落後市場指數，因此還不如在一月第一個交易日購買指數型基金，然後把剩下的時間用來釣魚。

因此，真正適合普羅大眾的投資方式是指數化投資，不是事後諸葛或零效度意見。如果想不出有什麼方法，能擊敗標普500指數的績效，我們就應該放棄。標普500指數將成為本書的指標，而且3％訊號術的績效也將徹底打敗它，以及眾多零效度的經理人。

2-4

用丟銅板模擬股價走勢，
觀察獲利有何變化

　　前文中展示了一張我製作的線圖，顯示出丟了50次銅板，以1萬美元為初始金額，每次投出正面就帳面獲利5％、投出反面就虧損5％的結果。我們發現這樣做創造出的績效走勢，看起來一點也不隨機，而且畫出來的圖表長得很像股市線圖。

　　為了讓你重溫記憶，以下是我丟銅板的結果，並繪製成圖表2-2。

正正正反反正反正正反正反
反反正反反反反反正正反反反
正正反正反正正反正反正反
反反正正正正正正反正反正正

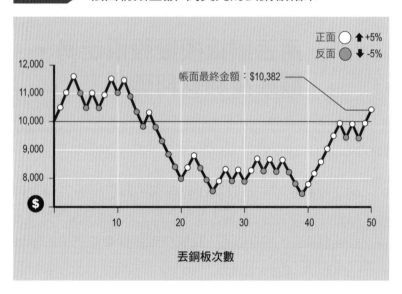

圖表2-2　**帳面初始金額1萬美元的丟銅板結果**

正面 ⚪ ⬆ +5%
反面 ⚫ ⬇ -5%

帳面最終金額：$10,382

丟銅板次數

　　為了提高真實性，我們加上第二條隨機線。第一次已經丟出50次銅板，現在再丟50次，但是這次正面朝上金額增加6％，反面朝上只減少4％。

　　以下是第二次丟銅板的結果，並繪製成圖表2-3。

反正反正正正反反正反正正
反反反反反反正反反正正反反
正反正正反正反正反正反正
正反反反反反正反正反反正反

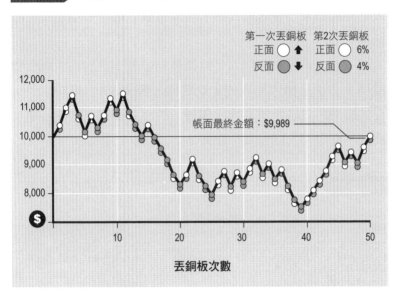

圖表2-3　帳面初始金額1萬美元，丟銅板兩次的結果

即使是隨機漲跌，改變波動幅度也能提升績效

我們可以發現，走勢很接近第一次以5％為波動基準所產生的結果。雖然數據有些微不同，但走勢幾乎如出一轍。也就是說，第二條隨機產生的與第一條差別不大。

理由在於第二條線，無法改變每一次丟銅板在線圖上的走勢，只能改變波動的幅度。在第一個例子裡，線圖走勢波動都是5％，而在第二個例子裡，波動則是4％或6％，幅度

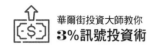
不是大一點就是小一點。由於4與6的平均數是5，每一次的波動幅度都差不多，因此隨著時間拉長，最終會產生相近的結果。

不過，若是數字增大且拉開波動幅度，就能夠大幅改變結果，方法是擴大相同的走勢範圍。圖表2-4引用前述丟銅板的結果，只是把第二次丟銅板，改成正面朝上金額會增加30％，反面朝上則會減少10％。

圖表2-4 ▶ 帳面初始金額1萬美元、拉大波動幅度的結果

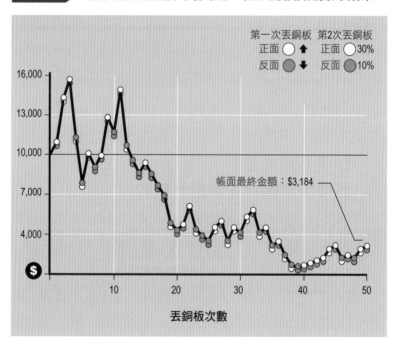

　　這一次拉大了波動幅度，於是線圖走勢波動加大。在第一個例子裡，波動為5%，帳面最終金額為10,382美元。在第二個例子裡，波動幅度為正面6%、反面4%，最終金額為9,989美元。在這個例子裡，波動幅度為正面30%、反面10%，最終金額為3,184美元。

　　我們可以看到，一樣的隨機漲跌會因為波動幅度改變，而產生不同的結果。如果我們改變每一次投入的金額，也會發生相同的事。在低點投入更多資金、在高點投入較少資金，投資績效將微幅提升，即便是跟隨市場的隨機路徑也是一樣。

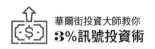

2-5

有超額利潤就賣出，
有便宜能撿就買進

假如我們相信第一章的證據，是否就不會白費力氣嘗試在低點加碼買股，在高點減碼賣股呢？

假如我們無法知道股市何時是低點或高點，要怎麼知道何時該加碼買進，何時該獲利出場？

我們無法切確知道高點與低點，但我們可以知道市場至今的走向，並適當地給予回應。這完全不必預測。我們不去猜接下來會發生什麼，而是在實際發生後採取行動。

當股價上漲，發現有超額利潤就賣掉；當股價下跌，發現一堆便宜能撿就買進，我稱之為「後發式的再平衡」（reactive rebalancing）。這種不需要水晶球提供預言，就能讓資金適當進出股市。如果有越多的人企圖透過「預測式的再平衡」追求獲利，就會有越多的資金，流向聲稱未來將會成長的零效度意見。

請回想丟銅板的線圖走勢。在第一個例子裡，每個轉折點無論漲跌都波動5％。在第二個例子裡，波動是4％或

6％。在第三個例子裡，波動則是30％或10％。我們在第二與第三個例子當中，隨便指定波動的幅度。如果不是追隨市場的隨機波動，而是審慎地根據已發生的結果進行投資，會發生什麼事呢？

在下個例子裡，將以相同走勢跟著市場隨機波動，但是回應的時機點，改成漲高之後才賣、跌深之後才買。和第一個例子一樣，我們設定波動幅度，無論漲跌都是5％。如果將初始金額1萬美元，以80/20的比例配置於股票與現金，就是8千美元投資股票，保有2千美元的現金。

當股市上漲，我們賣出5％的股票部位變現。當股市走跌，用現金購買股票，增加股票部位。例如，在我們的股票價值5千美元時，市場下跌5％，就把250美元現金（5千美元的5％）轉進股市。

下頁圖表2-5是根據這樣的方法，加上丟銅板50次的結果，你可以跟丟銅板本身的績效做比較。

如何呢？這種機械式回應的投資術，勝過丟銅板投資市場本身的績效。在第一次上漲時，後發式交易線績效有些落後，這是因為賣掉強勢上漲的多頭部位，所以在其後更高的漲勢獲利較少。我們在漲勢中效果減弱。

這個情況持續了幾個循環，但績效落後幅度還不至於難以忍受，也沒有落後太多。

當丟銅板結果來到「反反反正反反反反反正正反反反」階段，績效緩緩追上，而且兩者的帳面餘額都穩定地朝8千

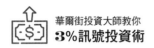

圖表2-5 帳面初始1萬美元，丟銅板VS根據丟銅板進行
交易的結果

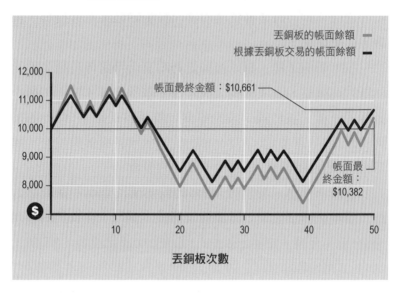

美元邁進。突然間，這種不動聲色的投資戰術發揮作用。雖然獲利不會跟股市高點一樣高，但在市場每次的跌勢裡，都能為虧損踩剎車。

結果，在隨機丟擲50次銅板當中，我們賠得較少，最後的績效也勝過大盤。

然而，現實中的股市的預言家們，會把這個簡單的例子弄得很複雜，讓我們大感困惑。你會聽到在股市零效度意見環境裡，一些猜測專家的意見。例如，你這一趟隨機市場之旅的結果，勢必引起討論，說是在1萬與1萬1千美元之間

「狹幅整理」。

你聽說多頭與空頭的交戰已然失控。在「反反反正反反反反反正正反反反」階段，空頭正在累積下跌的動能。你讀到失業率數據、中東的緊張局勢升溫、一些遙遠國家的房地產過熱、聯準會的決策「史無前例」或是「缺乏創造力」、總統如何毀了國家、國會又是如何的無能、本月工業生產指數、通膨正朝著危險的方向前進，以及黃金價格推導利率動向等等。

你相信這些都是至關重要的資訊，而且不管市場下一步會怎麼走，顯然都是這些因素所造成。

靠著實際價格自動回應，擊敗專家與市場

然後，市場預測者就像我們知道的那樣愚蠢，股市走向往往「勢」與願違，就像例子裡，當波動介於8千與9千美元之間，其中第19次與第41次丟銅板結果。

媒體永遠都有最可笑的生態可供觀賞，漲跌都只是解釋了市場為何是在丟銅板，走勢才會朝著他們不開心的方向邁進。

死多頭們說這是上漲前的打底，而死空頭們則說這是走跌前的頂點。最後，總會有一方落空，也總會有一方宣稱，他們在這一回合的丟銅板競賽中獲勝。

另一方面，**我們能擊敗絕大多數的專家與市場，靠的是**

精確且實際發生的價格，並自動做出回應。在這50回合裡，我們都可以完全不甩這些喋喋不休的消息，等到回合結束，我們的帳面餘額會是10,661美元，而市場最終績效是10,382美元。

至於絕大多數的專家，則是介於第二個例子的9,989美元（漲6％或跌4％）與第三個例子的3,184美元（漲30％或跌10％）之間。

我們處於這樣的優勢上，在績效領先的同時，還有部分資金擺在現金部位。前文說明了3％訊號術設立一個目標，配置20％的現金安全部位。由於保留現金，之後買賣時將會有所變動，但要記得絕對不全押。

請仔細閱讀圖表2-6，左邊欄位是丟銅板的次數，右邊則是根據丟銅板的結果所產生的帳戶餘額。

表2-6 ▶ **根據丟銅板市場所產生的帳戶變化**

第 N 次丟銅板	現金餘額 （美元）	股票餘額 （美元）	整體餘額 （美元）	市場餘額 （美元）
1	2,420	7,980	10,400	10,500
9	3,370	7,820	11,190	11,490
25	605	7,515	8,120	7,547
36	1,890	7,348	9,238	8,649
39	886	7,257	8,143	7,415
50	3,601	7,060	10,661	10,382

看出這個趨勢嗎？當市場走跌，我們的自動投資手法穩定地投入更多現金，買進低價位的股票部位。當市場回溫，則是穩定地把股票部位高價變現。你可以看見現金與股票部位之間的流動轉移。

當為了維持股票部位的帳戶餘額，穩穩地落在7千美元範圍，而將現金部位轉進股市時，現金金額會降低。當市場復甦，股市獲利又轉成現金部位，因此現金金額變高。

在這個機制下，當市場走跌時，我們會領先市場，因為跌得較少。假如市場碰到一連串銅板正面，在一段長時間裡持續多頭上漲，市場就會領先我們，而我們持續把獲利變現，品嚐不到持續上漲的甜頭。但市場總是不斷波動，隨著時間過去，攀升的速度逐漸加快，將會把我們的績效線推高，這是我們想要的結果。

以上是簡化的例子，因為股市不會每次波動都是5％，而且設定5％的買賣配置，對投資組合來說，也不是最好的方法。

後續，我們將用真實的股市數據，發展出更精細的轉換機制，也會把安全部位配置於債券而非現金，如此一來，不僅績效更高，又能保有安全性。

這些丟銅板例子的用意，是建立面對隨機波動的明智回應，以帶來績效優勢。

根據這個概念，我們將建立可靠的系統，並且停止詢問

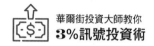

「市場將會如何」，而是開始反思：「市場做了什麼？我該
如何回應？」

　　這是投資智慧的開端，也是脫離不確定的第一步，朝著
讓市場波動為我們獲利的方向前進。

執行摘要 /02

　　股市的上漲、盤整或下跌，都依照自身的步調。我們不需要預測，已確定的價格波動在發生後，可以成為優勢。自動化低買高賣，能將市場波動做為實用工具。

- ％訊號術會進行再平衡，讓股票部位回到每季成長目標，方法是用安全部位的資金，賣掉獲利盈餘或買進獲利缺口。
- 波動正是機會，高低點之間的震盪是股市的自然潮汐，其重要性只存在於已發生的價格，而非即將發生的價格。
- 只要投資不破產，那麼價格波動越大，只會讓自動化低買高賣的方法獲利更多。這就是為什麼用我們的3%訊號術投資波動活潑的指數，而不會破產的理由。
- 指數的績效打敗絕大多數的投資人，因此我們的目標是打敗指數，而且能輕鬆打敗基金經理人。
- 隨機產生的股價走勢圖，不必改變或是預測走向，只要改變波動幅度就能輕輕推移。波動的影響只有在我們改變隨著波動而投入的金額，才會有所改變。
- 機械性地低買高賣，有助於隨著價格線起伏調配資金，讓績效比原始線圖更優，這只需要後發式的再平衡。

The 3% Signal

NOTE

NOTE

第 **3** 章

設定績效目標，
你必須注意哪些事？

3-1

為何每一季3%是風險與報酬的甜蜜點？

我們對股市的預測都很拙劣，但有一種自動化低買高賣的投資術，能等到價格發生再回應，讓你避開這種缺失。接下來，將透過設定績效目標，來判定市場現在是高點還是低點。市場永遠都在變動，因此我們需要一條訊號線，讓變動有脈絡可循。假如市場漲幅超過這條線就賣出，相對地我們就買進。

我將解釋為什麼每季3%是正確的績效目標，以及如何承受較少風險，績效卻能打敗其他投資手法。

我們應該期待從股市裡獲利多少？基本上每個人都想賺大錢，像是本金翻倍，甚至能買到成長10倍的「十壘安打股」（tenbagger，譯註：「史上最傳奇的基金經理人」彼得·林區在著作中宣稱，他靠著能揮出十壘安打的股票，使掌管的基金年均報酬率高達95％）。

奇蹟般的獲利偶爾會發生，但不可靠，而且通常與我們投入的資金是否夠多有關。當某人宣稱賺了2倍，我們該問

的是：「你賺了多少錢？」

我們需要可靠的目標，能經年累月、一再達成。想知道市場一貫的績效如何，最好的辦法是看歷史資料。股海裡什麼都有，有地雷股也有十壘安打股，還有各種無數變化。但是，這片股海是怎麼流動的呢？

⟲ⓢ 大盤每年的名目績效大約是10%

對股市的長期研究顯示，過去90年來每年的績效大約10%，這是「名目報酬率」。調整通膨後的績效稱為「實質報酬率」，大約是6.8%。相對地，大型企業的報酬率會比中小型企業低，不過10%的名目報酬率是一個不錯的近似值，而且好記。

不過，市場的成長並不像年化報酬率般，看起來這般平順。股市從1926年開始的滾動10年報酬率（譯註：滾動是指把配息或獲利再投入本金的報酬率），其波動範圍從5%至20%，如同下頁圖表3-1所顯示。

簡單地說，我們會以10%當做股市每年成長的基準，然後用3%訊號術再加以提升。

圖表3-1 ▶ **以10%當做股市每年成長的基準**

從1935至2012年，美國股市滾動10年的年化幾何收益率。

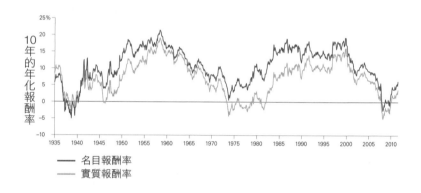

── 名目報酬率
── 實質報酬率

總計：1926年1月到2012年6月

	名目報酬率	實質報酬率
幾何年化收益率	10.0%	6.8%
算數年化收益率	12.0%	8.8%
波動率	19.3%	19.4%

（經先鋒集團許可使用）

設定每一季獲利3%的主要理由？

　　為什麼是每季3％？而不是每個月1％、1年12％，或是其他數值目標？接下來，我們看看箇中原因。

　　我們的投資目標是打敗市場，問題是要多出多少？假設市場的每年報酬率是10％，那麼努力目標是10.1％、12％、15％、20％，還是更高呢？

　　由於我們想要持續達標，所以目標必須合理可行。當績效穩定地打敗大盤，即使超越的幅度只有一點點，隨著時間過去，因為複利的效果，也能夠創造出極大的優勢，請看圖表3-2。

圖表3-2　1萬美元依照不同獲利率的成長

年化獲利率（％）	5年後（美元）	15年後（美元）	25年後（美元）
8	14,693	31,722	64,485
10	16,105	41,772	108,347
12	17,623	54,736	170,001
14	19,254	71,379	264,619

　　雖然年化獲利率只差距2％，但在每個時間框架的帳面餘額產生的影響卻很大。當獲利率是10％，1萬美元在25年後會變成108,347美元，而12％則是170,001美元，相差61,654美元。即便5年，獲利率10％與12％也相差1,518美

元。

當然，我們都希望獲利越高越好。就絕大多數的投資風格而言，越是渴望高報酬，隱含的風險也越高，例如：政府債券的本利償還受到擔保，提供的殖利率低；相對地，投資新創的股票風險高，這家公司可能成為下個主力，也可能消失不見。因此，你投入的資金將帶來2種可能：飆出一支十壘安打，或是賠掉90%。

運用我們建立的方法，渴望高報酬，將驅使我們頻繁地為投資計畫投入資金，因為達標的可能性較低。

如果你的目標是每月10%，就需要為了彌補差額投入新的現金，很可能每個月都必須補錢，因為市場很少一個月漲10%。相反地，如果目標是每季1%，你幾乎每一季都會達標，有可能永遠都不必補錢，但是你的財富也不會大幅度成長。

因為設定的獲利是每季3%，所以叫3%訊號投資術。每季3%的成長，將產生每年12.6%的績效，這比市場過去90年的年化報酬率10%多了26%。若是長期投資，獲利將更加豐厚，就像你在圖表3-2看見的情況。

圖表3-3是在相同的時間框架中，年化報酬率10%與12.6%的比較。

圖表3-3 年化報酬率10％與12.6％比較

年化獲利率（％）	5年後（美元）	15年後（美元）	25年後（美元）
10	16,105	41,772	108,347
12.6	18,101	59,303	194,294

我們可以很明顯地看到，績效12.6％帶來的獲利金額，將高出市場許多。

事實上，我發現每季3％是風險與報酬的甜蜜點。既沒高到需要非常努力才能達標，也沒低到覺得勉強打敗市場。可說提供了高於大盤指數的合理報酬，並且在長期投資下，還能大幅提升獲利。

我要強調，「每季3％」不是隨意挑選的目標，而小型企業股是運用3％訊號術的最佳對象。在接下來的範例裡，都會以iShares核心標普小型股指數ETF（iShares Core S&P Small-Cap, IJR）來進行3％訊號術，而且在2000年12月至2013年6月、總共50季的時間框架裡。

圖表3-4歸納出3種不同季度成長目標產生的結果。初始配置是把8千美元放在核心標普小型股ETF，2千美元放在現金部位。

「投入的額外現金」則是要求投入更多現金，來維持3％的訊號。如同圖表3-4所顯示，當渴望的成長率越高，需要投入額外現金的頻率就越高。

　　如果把成長目標提得更高，最終總餘額會更高。然而，這需要投入更多現金，來維持3％訊號術的運作。若每季成長目標高於3％，將頻繁出現要補進額外現金的訊號。你也能用每季50％做為成長目標，但需要新補進去的現金比率，差不多就是最終總餘額的全部。

　　顯然報酬率目標設得越高，就會越仰賴現金，其實只要比較3％與5％就知道了。

圖表3-4 季度成長率從1%～6%的結果

於2000年12月至2013年6月運用3%法的結果	初始帳戶金額（美元）	所需投入的額外現金（美元）	最終帳戶現金餘額（美元）	最終股市餘額（美元）	最終總餘額（美元）
成長目標每季1%投資核心標普小型股ETF	10,000	0	11,443	13,157	24,600
成長目標每季2%投資核心標普小型股ETF	10,000	4,835	12,912	21,532	34,445
成長目標每季3%投資核心標普小型股ETF	10,000	12,241	14,141	35,071	49,212
成長目標每季4%投資核心標普小型股ETF	10,000	22,494	13,412	56,854	70,266
成長目標每季5%投資核心標普小型股ETF	10,000	37,535	9,481	91,739	101,220
成長目標每季6%投資核心標普小型股ETF	10,000	66,105	6,078	147,361	153,439

　　為了讓最終餘額翻倍，從49,212美元變成101,220美元，你必須多投入3倍的現金，從12,241美元變成37,535美元。這種對賺錢效率的侵蝕，在成長率飆升時會繼續存在。

　　每季3％的目標足以清除市場障礙，讓你值得努力，也不需要投入太多現金。也就是說，這是「投入現金」與「達成獲利」之間的甜蜜點。

3-2

要保證每一季都從股市賺3%，該如何操作？

到底該怎麼做，才能保證每季賺3％？第一，當股市下跌，無法實現每季3％的目標時，運用一檔安全的債券基金來補股票基金。第二，當股市漲超過3％時，賣出股市的獲利盈餘。

這種策略是定期定值投資法（簡稱定期定值法）的變形，定期定值法是麥克‧艾道森（Michael Edleson，定期定值投資法創始人）在其著作《定期定值投資策略》（*Value Averaging*）中介紹的資金管理技巧。

這個方法之所以可靠，是因為我們運用股票基金，無論股市的每季獲利距離目標還差多少，都能以債券基金中的其他季度獲利差額來填補。這種來回的資金配置，不論股市發生什麼，都能回歸到基本算術，讓股票部位維持每季3％的成長。

股票基金長期成長的動力是由大盤所提供，但是當引擎熄火，便使用安全的債券基金來彌補。

前文的圖表2-5已表達這樣的概念，也在虛構的丟銅板市場裡設定的低買高賣機制中，看見它如何運作。這麼做產生的報酬率比市場本身更高。在那個例子裡，市場每次漲跌固定5％，然後我們後發地買賣5％股票部位的量。

實際的市場，無論波動幅度還是任何時間框架，都不可能剛好是5％。現實中的投資方式，將透過在每季收盤時低買高賣，以相同的精神來回應市場。波動不會每次都是5％，但我們會根據每季3％的績效目標來進行交易。

這代表交易金額每季都不一樣，這樣的作法比先前固定的後發式回應更好，因為這能讓我們的投資不管市場怎麼波動都重新分配，回到與先前相同的比率，而不是以固定的百分比來買賣股票基金。假如市場漲很多，我們就賣很多。假如市場跌很大，我們就買很大。

那要怎麼知道買賣多少呢？答案是跟每季3％的目標做比較。3％是指標訊號，顯示我們該買或該賣，以及該買賣多少，頻率是每季一次。

每季確認一次的幾個理由

為什麼是每季一次？畢竟，市場在每個開市的日子都很活躍，薪資每個月領一次，所以一整年只檢視4次投資組合，你可能有些不安。加上媒體製造出一種印象，讓人誤以為頻繁進出股市會增進投資能力，進而提升績效，但是證據

顯示,現實與這種印象相反。

在2013年1、2月號的《金融分析者雜誌》裡,一篇名為〈看清隱形成本:交易成本與共同基金的績效〉(Shedding Light on 'Invisible' Costs: Trading Costs and Mutual Fund Performance)的文章,揭露了基金經理人的頻繁交易拉高費用,降低報酬率。

1997年,《經濟學季刊》(*The Quarterly Journal of Economics*)一份名為〈對風險短視損失趨避的影響:一份實驗考察〉(The Effect of Myopia and Loss Aversion on Risk Taking: An Experimental Test)的研究報告,探討資訊頻率對投資績效的影響,也得出類似結論。參與者被告知,想像他們管理某所大學的捐贈基金,並將錢投資於模擬的金融市場。

最後,他們收到一份與真實金額等量的績效報告,以鼓勵每個人盡可能做到最好。市場中只有 A 與 B 兩檔共同基金,參與者要決定將1百股分配多少給這兩檔基金。假定投資涵蓋25年,參與者所獲知的投資組合績效頻率(在這25年期間的每月、每季、每年或每5年)是隨機的,當獲知績效時,他們能調整這兩檔基金的配置。

由於對這兩檔基金都一無所知,大部的參與者剛開始都是分配各半,當有新的報酬資訊就調整配置。5年才更新一次資訊的參與者,只有5次調整機會,而每月更新一次的參與者,則有上百次調整機會。

其中一檔設定的是債券基金，另一檔則是股票基金。債券基金每月波動非常小，而且從不虧錢。股票基金波動較大，但長期績效相當可觀。當債券基金甚少下跌之際，股票基金在某月份下跌了近40％。要達到最佳報酬率，必須將所有籌碼配置在股票基金，因為整體獲利抵銷了經常性的虧損。例如，雖有幾年賠錢，但接著連續5年不會賠。然而，每月更新資訊的參與者經歷股市虧損，因而將籌碼轉進比較安全的債券基金，壓低了最後的報酬率。

相對地，更新資訊頻率較低的參與者，對股市的全貌看得更清楚，沒看見每個月的上下波動。到了模擬投資期間的尾聲，每月更新資訊的參與者在股票基金只配置了40％的資金，而5年更新一次資訊的人則配置了66％。

這些調查與研究顯示，**採取被動在長期投資裡，什麼都不做或是做得很少所獲得的績效較佳**。這在前文中已得出結論，人們在市場裡傾向於犯錯，當越多資訊導向越多作為時，意味著多做多錯。這項事實促使財經研究老手建議新進者：「坐好了，別瞎忙！」

專業經理人也是一樣，他們越管理，各種費用累積越多，犯錯也隨著增加，績效蒙受的損失也越大。我們必須記取這個教訓：必須遠離各種「波動」下股票數字每天的變化，把精力花在生活中更有意義的地方。我們每年只確認四次戶頭，而且是有計畫、有步驟地進行。

每季確認一次，讓我們有整整3個月的時間，看出漲跌

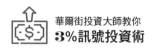

趨勢是正在發生還是已經結束，每月確認一次則會打斷節奏。更重要的是，歷史告訴我們，每季確認一次以上，會提高進出頻率，但不會提升報酬率。你會買更多賣更多，但不會賺更多。我們的目標是獲利極大化，但同時把進出場次數縮減到最低，每季一次正好符合這個目標。

這麼做也給你機會做點事情來回應現況，但不至於太多。投資無法與世隔絕，而且科學已經證實，人們會對別人做什麼感到興趣。當我們覺得人人都在採取行動，多少也會受到影響。對許多人來說，等到年底再來衡量績效實在太久，也不容易對股市趨勢做出回應。

每季有計畫、有步驟地檢視一次，已足夠提醒自己，關心一下投資現況，但也不會把我們拉出正軌，掉進多做多錯的泥淖中。

觀察3％訊號的神奇魔法，如何發揮功效

到目前為止，我們已經建立每季3％的目標準則，也就是在每1季，將在低於3％訊號線時買進，或者在高於3％訊號線時賣出。

我們即將開始運用真實股市數據。請看一個範例，是將3％訊號術運用於標普500指數上，這是最可靠的大型企業股指數，涵蓋美國股市四分之三的總市值。標普500指數的成分股裡有許多知名企業，例如蘋果、谷歌與富國銀行集團

（Wells Fargo，譯註：全球市值最大的銀行，也是巴菲特長期持股投資的銀行），也有許多你可能沒聽過的公司，例如製造肉毒桿菌、總部位於加州的藥廠愛力根（Allergan）、密蘇里州的製造大廠禮恩派（Leggett & Platt）與印第安納州的公用事業公司尼索斯（NiSource）。

📝 什麼是「標準普爾存託憑證」（SPDR）？

　　你將會看到「標準普爾存託憑證」（Standard & Poor's Depositary Receipts，簡稱SPDR）。這是一個ETF家族，由波士頓的道富全球資產管理公司（State Street Global Advisors，譯註：道富集團為全球最大的託管銀行與資產管理公司之一）管理。這個ETF家族的第一位成員，是美國第一檔、最古老且現存的ETF——SPDR標普500指數ETF（the SPDR S&P 500），代號SPY，在1993年1月發行，是全球規模最大的ETF，也是我們用來監測「跌30%不出場」規則何時派上用場的指數。

　　就像丟銅板的例子，**要符合3％訊號術的基本款，會先把資金依照80/20的比率分成兩份，一份投入股市，一份為安全部位**。股票部位將持有代號SPY的SPDR標普500指數

ETF，代表持有標普500指數。安全部位則將持有先鋒吉利
美債券基金（Vanguard GNMA bond fund，譯註：代號VFIIX，
是一檔專門投資政府不動產抵押貸款證券的債券基金，其收益高
於美國國庫券）。

我們將運用SPDR標普500指數ETF經調整的50個季度價
格，來取代50次的丟銅板結果，時間從2001年到2013年。這
12年半的時間，可以看見網路泡沫、在聯準會刺激下的房市
大復甦、次貸市場崩潰以及另一次復甦。圖表3-5是SPY經
歷過這些大事件的50季收盤價：

圖表3-5 SPDR標普500指數ETF從2001年第1季到2013
年第2季，共50季的調整價格：

年度	第1季（美元）	第2季（美元）	第3季（美元）	第4季（美元）
2001	91.94	96.87	82.83	90.97
2002	91.40	79.26	65.80	71.33
2003	68.79	79.53	81.74	91.43
2004	93.25	94.78	92.87	101.21
2005	99.17	100.60	100.60	106.10
2006	111.07	109.37	115.29	122.91
2007	123.73	131.64	134.16	129.24
2008	117.23	114.25	104.15	81.69
2009	72.50	84.30	97.27	103.21

年度	第1季（美元）	第2季（美元）	第3季（美元）	第4季（美元）
2010	108.81	96.45	107.21	118.75
2011	125.75	125.79	108.41	121.00
2012	136.36	132.48	140.89	140.35
2013	155.09	159.64		

　　整體來看，股市沒有這麼令人膽怯，不管是看空或看多、預測未來走向、華盛頓或海外地緣政治的變化，還是推測聯準會下一步動向，唯一的關鍵只有價格。當市場上下波動時，價格也跟著高高低低，反映出人類情緒如何起伏不定。

　　不妨把這些專家們對未來的猜測，視為零效度意見。我們只要根據每1季收盤價格做出反應，跟著3％訊號線買賣即可。然後，我們會納悶這些人為什麼要化簡為繁？

將資金投入股票與債券部位

　　讓我們跟前文的例子一樣，從1萬美元開始。以80/20的比率分配股市與安全部位，8千美元投入SPDR標普500指數ETF，2千美元投入先鋒吉利美。

　　SPDR標普500指數ETF在2000年底的收盤價為103.09美元，因此8千美元能買到77.6股。8千美元加上3％是8,240美

元，這是我們3％訊號術在2001年第1季的目標。該季收盤價格為91.94美元，乘以77.6股為7,135美元，比8,240美元少了1,105美元，所以需要再買12股SPDR標普500指數ETF才能達標。

SPDR標普500指數ETF於該季配息0.316美元，77.6股會收到24.52美元的股息。把股息投入先鋒吉利美帳戶，加上收到的0.170美元的配息，總共讓先鋒吉利美的結餘來到2,141美元。我們再從帳戶取走1,103美元，以每股91.94美元的價格，買進12股SPDR標普500指數ETF。當SPDR標普500指數ETF價格漲到89.6，股票部位價值8,238美元，相當接近我們的訊號線8,240美元。

這個簡單的投資術，解決了市場實際績效與3％訊號線之間的差距，引導我們以便宜近11％的價格（相較於3個月前，我們投資術的起點2000年12月底）買進SPDR標普500指數ETF。

你覺得大部分投資人會想要在2001年第1季，SPDR標普500指數ETF下跌11％時買進嗎？根本不可能。請回顧一下當時的氛圍。

- 《紐約時報》2001年2月22日報導：「昨日籠罩著美國股市的悲觀主義是如此強烈，投資人擔憂疲弱的企業獲利與越來越高的通膨，將把股市推向年度新低。」

- BBC新聞台2001年3月15日報導：「昨天股市重挫，道瓊工業平均指數5個月內首度跌破萬點……，聯準會在今年已兩度調降短期利率，也備受期待在接下來幾週繼續調降，但是投資人顯然對聯準會振興經濟的能力失去信心……，小布希總統表示，衰退令人憂心。」

- 《商業週刊》2001年3月25日的〈當財富已成往事〉寫著：「許多人嚇壞了，而且突然窮了很多，投資人現在癱坐著觀望不進場……，股市重挫讓他們拚命抱緊錢包……，導致消費者支出大幅縮減，並壓抑企業獲利，造成股市掉進下沉漩渦。」

　　但是，這些報導刊登之後，SPDR標普500指數ETF在2001年第2季上漲5.4％。當其他投資大眾試著駕馭這些悲觀訊息，你看到2001年5月底的SPDR標普500指數ETF價格低於3％訊號線，為了達標就便宜買進幾股。當一大堆零效度意見專家武斷地表示意見，你總共只花15分鐘，就在下一季贏過他們。

　　請記住，大多數的零效度預測都輸給指數，而3％訊號法打敗指數，同時也打敗絕大多數的專家。

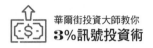
圖表3-6 ▶ SPDR標普500指數ETF投資法比較

編號	2000年12月～2013年6月的投資方式	起始金額	額外投入金額	最終股市餘額	最終債券餘額	最終餘額總計
投資法1	以SPDR標普500指數ETF與先鋒吉利美進行3％訊號術，比率80/20，需要時供應額外現金	$10,000	$30,711	$60,959	$10,193	$71,152
投資法2	在投資法一需要額外現金時，在起始金額1萬美元後，平均分配於50季買進（定期定額）	$10,000	$30,711	$63,667	0	$63,667
投資法3	把投資法1需要的額外現金，在起始金額一口氣買進並持有SPDR標普500指數ETF	$40,711	0	$63,055	0	$63,055
投資法4	以SPDR標普500指數ETF與先鋒吉利美進行單筆的3％訊號術，比率80/20，之後不再投入現金	$10,000	0	$13,973	$2,336	$16,309
投資法5	買進並持有單筆SPDR標普500指數ETF	$10,000	0	$15,489	0	$15,489

以標普500指數ETF為標的，試算績效

　　每一季季末實施相同的簡單步驟，從2001年第1個季末開始，3％訊號投資組合就勝過SPDR標普500指數ETF。在這段期間，極端的市場震盪發出買進訊號，所需金額超出我們的現金部位，共計19個季度。不過，其中有一次只超出58美元，另一次超出111美元，而其餘9次皆少於8百美元，總共只需多支出30,711美元。

　　只要遵照3％訊號術，在這19次投入額外現金，最後帳戶餘額將有71,152美元，而非將所有SPDR標普500指數ETF發放的股息，進行再投資的15,489美元。

　　即使沒有遵照3％訊號術多投入3萬多美元，在投資期間持續買進（平均大約每月205美元），你的資金也會成長到40,441美元。這樣做的報酬率，比買進後長抱高出161％。

　　圖表3-6將進行加總與比較，同樣運用SPDR標普500指數ETF與先鋒吉利美等來投資，再依據最後總額遞減排列。請注意，當出現買進訊號、債券部位餘額不足時，若是投入額外現金將帶來強大績效。

　　另外，如同投資法4與5所顯示，若債券部位已無力購買，又沒有挹注額外現金，績效表現較差。

　　績效第一的是3％訊號術，在買進訊號出現時便挹注額外現金。投資法2是以定期定額投資法（簡稱定期定額法），來處理投資法1所需的額外現金，把金額平均分配到

50個季度，績效沒有比較好。即便是像投資法3那樣，一口氣把需要的額外現金，在一開始就全拿來買進SPDR標普500指數ETF，績效也不突出。

投資法4與5是同性質比較，在沒有投入額外現金的情況下，證實3％訊號術的績效，打敗了整個期間內，單純買進並持有SPDR標普500指數ETF的報酬率。

規律進行定期定額法與買進後長抱指數，是兩種最受歡迎的「設定後便高枕無憂」投資技巧。圖表中每一種投資法的績效，都比零效度的投資建議更佳。但3％訊號術的績效居冠，而且因為把部分資金放在債券部位，作法更加安全。這麼做不光是原始績效更優越，經過風險調整後的績效也更加出色。

投資法1的最終餘額比投資法2多了14％，因為有一部分資金配置在安全部位，投資法4與5也是類似情況。

最後，我們可以看到3％訊號術的績效，遠高於定期定額法與買進後長抱。在現實生活裡，這兩種普遍的投資法幾乎吸走遍布於不同基金的所有資金。當眾人進行多樣化投資，把資金配置在多檔基金與資產類別（asset classes）時，長期來說，其績效低於單純買進後長抱一檔股票指數。這要歸因於大部分經理人都輸給市場，以及非股票型基金的長期績效終究低於股票型基金。

要證明3％訊號術的績效比較優異，必須找定期定額與買進後長抱的高報酬版本來做比較。結果，還是3％訊號術

更勝一籌。

買進後持有是很好，但你能堅持長抱不放？

在現實生活裡，人們不會在股市很糟的時期，買進股票後長抱。對投資人來說，很難做到無視股市盛衰都忍住不賣。在股市大拋售潮期間，都會出現引起恐懼和貪婪的頭條新聞，難怪大家會選在最糟的時刻跳傘保命，然後再也買不回去，直到大部分的股市反彈已經遠離。

3％訊號術能幫你抵抗這些情緒上的衝動，只要以簡單公式證明，此時應該趁便宜多買幾股，或是出脫手上的持股。回顧圖表3-5，上頭有全部50季的SPDR標普500指數ETF收盤價。從2007年第3季至2009年第1季，SPDR標普500指數ETF價格跌了46％。理論上買進後持有的投資人，如果在相同時間框架下投入初始金額1萬美元，將看見他的帳面餘額從148,818美元（2007年第三季）掉到8,375美元（2009年第4季），損失幅度44％。

這個損失幅度，比SPDR標普500指數ETF本身小一點點，是因為將股息進行再投資。想像一下你的股票帳戶虧損44％，同時市場充斥著悲觀的報導，卻什麼都沒做，那會是什麼感覺。

當股市正好時，每個人都相信買進後持有會得到好結果，但幾乎沒有人在股市變差時進場。投資組合裡滿是股票、沒有現金，看起來最英明。

　　但勝利說垮就垮，這些投資人眼看自己的帳戶從14,888美元，掉到13,158美元、12,899美元，再掉到9,364美元，最後掉到8,375美元。他們肯定會在某個低點認賠殺出，並且發誓此生再也不要碰股票，或者至少等到股市大致反彈，零效度意見聒噪著聰明錢在底部買進，已經獲利多少之際，才會再度進場。實際上，當然沒有什麼聰明錢在底部買進這回事。

　　這種傾向有惡化趨勢，因為某些投資顧問認為，市場的大部分獲利是在少數幾天發生，極力倡導買進後持有的投資策略。這是真的，如果有人在特定期間內買進後持有，保證會賺錢，但由於買進後持有在遇到股市最低點、虧損極大化時，還要堅持下去，會有心理上的困難，因此有很高的機率半途而廢。

　　諷刺的是，一個受到投資人期待，在持有期間創造獲利的策略，實際上卻在最應該持有的時間，為了擺脫困境而跳傘保命。

　　購買後長抱不放的人，往往撐到痛苦的極點才賣掉。他們如果沒有堅持長抱不放，會早點放棄，從股市漩渦中脫身。大多數人都能坦然面對小額、甚至中等的虧損，但是鉅額虧損會讓他們感到恐懼。當股市低點時，滿手股票會令人感到極度痛苦，到最後將產生一股衝動：「讓我出場吧！我不管股市接下來會如何，就是不想再玩了。」

　　雖然大家都說要「買進後長抱」，但實際上是「買進後跳傘逃命」。當價格直直落，投資人都會處於被情緒淹沒的高風險中，並且因為扼殺報酬率的決策而蒙受損失。人類的情感弱點是投資失敗的主因，也就是說，心理因素絕非次要，而是至關重要。

　　每個投資人都會受到情緒左右而犯錯：買在高點與賣在低點。很難說哪一種比較糟糕，因為兩者互為因果。另外，當我們在底部認賠殺出時，代表對未來毫不知情，預設市場趨勢是持續走跌，只是想停止痛苦。如果我們知道會止跌反彈，就會把錢留在股市，讓上漲的股價減輕我們的痛苦。

　　若是夾帶情緒做出進出場的決策，幾乎都會錯過多頭的市場表現。已有大量研究證實，市場漲跌沒有規則可循，大部分的交易日風平浪靜，波動則通常集中在少數幾天。

　　2013年2月，富達投信發布資料，顯示市場的最壞時機恰是最好投資時機。其中以四個例子說明在底部投資，接下來5年的報酬率是如何：1932年5月大蕭條結束後是367％；1970年代的衰退在1982年7月結束後是267％；1994年12月聯準會最大幅度的利率緊縮告終時是251％；2009年3月次貸市場崩潰導致金融風暴，結束後的數字則是111％。

　　這份報告也證明，錯過市場最大幅波動那幾天，影響會更加深遠。假設某個投資人在1980年1月1日用1萬美元進場，全都投入SPDR標普500指數ETF，到了2012年12月31日，帳戶將有332,502美元。如果錯過33年當中獲利最佳的5

天，帳戶將短少117,299美元，只剩215,273美元。若以相同的計算方式，移除獲利最佳的10天、30天和55天，將證實了若錯過集中的漲勢，會嚴重傷害績效表現。

如果把最佳的55天從這33年的時間框架中移除，帳戶最終將減少303,175美元，只剩下微不足道的29,327美元（見圖表3-7）。

圖表3-7 從1980年1月1日至2012年12月31日，在標普500指數錯失良機的影響

扣除的最佳投資天數	最終的帳戶餘額
錢全留在股市	332,502美元
扣除最佳5日	215,273美元
扣除最佳10日	160,340美元
扣除最佳30日	63,494美元
扣除最佳50日	29,327美元

這類研究通常會被零效度意見反駁，只要避開投資最差的天數，報酬率就能相應提升。然而，在扣除集中化的漲勢與跌勢日期的狀況下，計算後的結論都一樣，看看答案多顯而易見。「咦，如果我移除了最佳的天數，不知道我的績效會發生什麼變化？結果你知道嗎？報酬率降低了。」相對地，有人或許會想：「嗯，咱們來瞧瞧要是移除了最糟的天

數，績效究竟會如何？答案是報酬率上升了。」

　　其實，我們不需要太多想像，就能理解上述的情況。移除最佳投資的天數，結果當然將降低績效表現，而移除最糟的投資天數，當然也會提升績效。

　　重點是沒有人能預先知道，哪些日子是投資的好日子與壞日子，那就讓我們來丟銅板吧，至少有50％的機率正確出場，50％的機率重新進場。大多數學者得出最好的辦法是堅持到底，因為市場會隨著時間上漲，好日子終將勝利，讓市場的長期績效表現是賺錢的。

　　3％訊號投資術的好處，是能告訴我們，當股市漲到某個程度就該收割獲利，當跌到某個程度就該加碼。幫你在全部的投資期間裡，大部分的錢都投入市場，並且指引你做正確的事。

不必冒那麼大的風險，也能勝過大盤

　　儘管買進後長抱是一個空想的產物，但經常被用來當做參考指標，用來評判各種不同的投資方案。常見的問題是「這個方法會比買進後長抱賺得更多，值得我投注資金？」

　　有了3％訊號術，答案是肯定的，如同你在前文中讀到「SPDR標普500指數ETF績效如何」的內容。另外，為3％訊號術不會要求你再多準備現金部位，而降低股票部位的占比。

　　在3％訊號術裡，為了避免在設想的投資期間，需要追

加現金，本來設定股債比是保守的37/63，也就是1萬美元中，以3,719美元買SPDR標普500指數ETF，以6,281美元買先鋒吉利美。

那時候，沒有人能預知未來，而3％訊號法也不要求完美的平衡，但如果有人在這個時間框架的起點，也就是網路泡沫崩盤時非常小心，而且起步的配置非常謹慎，還是有可能在買進後長抱SPDR標普500指數ETF後，到了2013年獲得出色的績效。

這稱為「經過風險調整後的績效」（risk-adjusted performance），就是考量到許多投資可能的績效，勝過原始成長率。的確有某些人在某些時刻有機會讓資金翻倍，但他為此承擔多大的風險呢？這很重要，因為每個人對於風險的容忍程度不盡相同，許多人願意為求安心，而接受較低的報酬率。

因此，如果你的績效能贏過股市，只配置部分資金給股票，其餘擺在債券部位，那麼比起把資金全押在每次波動就遭受重擊的股票上，你將獲得更高的風險調整績效與原始績效。

3％訊號術在2001年開始的時間框架中，起步時配置37％資金，也就是3,719美元給SPDR標普500指數ETF，並且在完全未投入新資金時，能達成的績效將是SPDR標普500指數ETF有29,508美元、先鋒吉利美有6,647美元，總計36,155美元。

　　買進後長抱SPDR標普500指數ETF，包括將投資期間的股息進行再投資，最終帳戶餘額將是15,489美元。

　　這樣做的績效，比買進後長抱SPDR標普500指數ETF好上133％，而且股市投資風險更低。

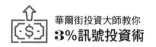
3-3

想再買進卻現金不足？
可以先這樣做好準備

現在你可能會擔心，當大部分資金都投入股市又發生股災時，會突然現金短缺。這樣的現金缺口讓市場專家事後諸葛逮到機會，企圖引誘你進行愚蠢的預測，所以我們得先處理它們。

在開始執行3％訊號術前，要記住把安全的資金投入債券。**當債券部位的基金告罄，也就是現金短缺或是債券基金短缺。**這表示我們需要更多現金來填補。

當訊號要求買進更多，而債券基金無力負擔，導致有19個季度現金短缺。其中有一季所需的現金低於1百美元，5季介於1百到3百美元之間，5季介於5百到8百美元之間，這11個季度要求投入的金額不大。

但是，其他8個季度需要投入的資金超過1千美元，最大的一次發生在次級房貸崩盤，從2008年第3季至2009年第1季，需要填補的資金分別是3,054美元、6,537美元與3,905美元。這時候，運用所謂「跌30%不出場」規則，在大崩盤後把錢全部留在股市裡，會在2010年第2季，股市第一次觸底

反彈時，引發另一次大幅度現金短缺。

　　如果要在反彈的過程中賣光債券，全部轉入股市，就必須保證有足夠的現金來填補差額。這樣做是有利可圖的，因為在股市漲勢中全押下去，將使你的股票帳戶餘額大幅成長。

　　在這12年半的投資期間，總共有19個季度現金不足，需要投入30,711美元的額外現金。以下整理為圖表3-8，其中金額調整為整數，但總額是正確的。

圖表3-8　運用SPDR標普500指數ETF，從2001年第1季至2013年第2季，19個現金短缺季度的所需現金

季度	所需的新現金金額（美元）	季度	所需的額外金額（美元）
Q301	286	Q206	575
Q202	1,124	Q407	221
Q302	1,907	Q108	2,993
Q103	643	Q208	1,383
Q104	58	Q308	3,054
Q204	204	Q408	6,537
Q304	768	Q109	3,905
Q105	727	Q210	5,162
Q205	273	Q311	779
Q405	111		30,711

(S) 在拋售潮大膽買進，復甦時將值回票價

我們不知道股市會發生什麼，因此有時候會有現金短缺的情形。如果我們懂得完美平衡股債部位，並且從一開始就能預知如何選擇時，也不需要3%訊號術了。

但是，這段投資期間的波動劇烈，而且涵蓋兩次股市大崩盤，沒有人能未卜先知，可說是鮮少有人在崩盤前做好準備。

在這19個現金短缺的季度當中，有5個季度是連續發生在次貸崩盤後（從2008年第1季到2009年第1季）。最後一次現金大缺口發生在2010年第2季，也跟次貸崩盤有關，因為3%訊號術要求在復甦時堅持留在股市裡，出色地為投資人發出正確訊號，要在急遽的拋售潮時買進，而不是像許多零效度意見所建議的賣出。緊接而來的復甦，讓在這場危機中的大膽買進值回票價。

另外，在這12年半的投資期間，平均每月只有204.74美元的現金缺口需求（總金額為30,711元），金額並非大到付不出來。為了某個投資計畫定期儲蓄現金，能讓現金不足的季度大幅降低，但即便退休帳戶也無法擔保能完全填補現金缺口。

如果要合理地比較，請看圖表3-9，數據沿用圖表3-5。注意3%訊號術所需的額外現金，平均每月只有204.74美元，相較於把這204.74美元累積三個月後，平均分配在這50

季的季末，定期定額法買進SPDR標普500指數ETF，無論當下價格是多少。每月存204.74美元，等於每三個月614.22美元，在季末把現金轉換成SPDR標普500指數ETF的單位數。

　　在起始金額都是1萬美元的情況下，我們將運用3％訊號術，根據80/20的股債比率，分配投資金額，而且最終的額外投入金額都是30,711美元。圖表3-9是把所有股息都再進行投資的結果。

圖表3-9　以SPDR標普500指數ETF進行3％訊號術，打敗定期定額法平均分配額外現金

編號	2000年12月～2013年6月的投資方式	起始金額（美元）	額外投入金額（美元）	最終股市餘額（美元）	最終債券餘額（美元）	最終餘額總計（美元）
投資法1	以SPDR標普500指數ETF與先鋒吉利美進行3％訊號術，比率80/20，需要時供應額外現金	10,000	30,711	60,959	10,193	71,152
投資法2	在投資法1需要額外現金時，在起始金額1萬美元後，平均分配於50季買進（定期定額法）	10,000	30,711	63,667	0	63,667

　　同樣起始金額都為1萬美元，在這12年半的投資期結束後，額外投入金額也都相同。每季季末買進614.22美元的

SPDR標普500指數ETF，帳戶最終餘額是63,667美元，但3％訊號術的最終餘額卻是71,152美元，而且風險還比較低。

由此可見，3％訊號術贏了11.8％，而且最終還有10,193美元的餘額在債券部位，占總資金14％。

有可能當你的債券資金全部被贖回，而3％訊號術還發出訊號要買進更多股票時，你卻沒有多餘的錢可以再投入股市。即使如此，至少你也能知道，這時候不該賣出持股，這同樣非常有價值。當頭條新聞與各種資訊令人痛苦難捱，誘惑你在錯誤的時機全面出場，請冷靜看看訊號在說什麼，並抱持信心繼續持有股票，你將越來越相信3％訊號術的訊號。

雖然應該繼續買進卻沒錢，至少不會脫手，堅守持股等待最終的反彈。然後，你將賣出獲利，重建你的債券部位。

而且，若是運用現金管理技巧，幾乎都能避免這種情況發生。由於股市什麼情況都有，因此投資計畫不可能至始至終都能運作得盡善盡美。我們無法預測價格未來會多高或多低，所以必須做好準備，讓3％訊號術在時間框架裡，都能以優於市場表現的方式，在波動中航行。

有時候，3％訊號術會發出買進訊號，用光債券部位的資金，這表示絕佳的獲利時機即將到來，因此你必須準備妥當。然而，即使真的沒有資金，你也可以重新開始，沒什麼大不了。

執行摘要 / 03

　　3%訊號術的績效目標是每季3%，透過賣出股票的獲利盈餘，或是補足獲利缺口，重新維持3%的平衡。

- 當市場達不到每季3%的績效目標，我們會用安全的債券基金購買更多單位來達標，然後在市場表現超過3%的目標時，賣出股票部位的利潤來回填債券基金。
- 每季一次的確認能降低進出場次數，同時讓獲利極大化。頻率高於每季一次只會買賣更多，但不會賺更多。
- 運用SPDR標普500指數ETF的3%訊號術，績效輕易贏過定期定額法與買進後長抱。
- 買進後長抱的作法只存在於理論當中。當市場多頭時人人都相信買進後長抱很好，但市場空頭時，卻幾乎沒人這麼做。
- ％訊號術在趨勢中引導我們，當市場漲到某個水準就該獲利了結，當市場跌到某個水準就該投入額外現金。
- 在投資方案中維持債券安全部位，可以協助你安然度過股災。
- 執行3%訊號術之際，我們的銀彈可能會消耗殆盡。買進訊號要我們繼續持有、等待反彈。因此，建議事先存些錢，免得錯過絕佳的買進時機。

The 3% Signal

NOTE

NOTE

第 **4** 章

選對標的與工具，
建立自動化投資機制

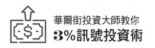
4-1

為何鎖定小型股ETF，可以幫獲利成長加分？

到目前為止，你已經知道大多數投資人都輸給市場，以及無論是在丟銅板的走勢，或是真實的股價線圖上，自動化地低買高賣會提升投資績效。

然後你發現，3％訊號術能告訴你每季該買賣多少金額，而且在2001年至2013年波動劇烈的期間，它的績效打敗SPDR標普500指數。

接下來，要進一步精煉，我們可以探討什麼樣的投資工具，能提供打敗SPDR標普500指數的最佳機會？哪一種類股會表現更好？

和其他的投資產業一樣，我們繼續使用SPDR標普500指數，做為達成績效的參考指標。3％訊號術可以幫我們獲利，但是我們還能再提升它獲勝的幅度，**方法就是運用一個能打敗SPDR標普500指數的指數，結合3％訊號術，就能取得雙重優勢**。

相較於都是大型企業的SPDR標普500指數，我們可以運

用追蹤小型企業股的指數來增加優勢。企業規模的大小是看「市值」，計算方式是公司在外流通的股數乘以股票市價，而不是指公司有多少員工或廠房。

有時候你會看到「大型股」、「中型股」與「小型股」，而企業規模的構成要素會隨著時間改變，取決於獲利成長與股價波動。不過，大致可以這樣區分：一般大型股的市值約為6百億美元、中型股約為50億美元，而小型股則約為10億美元。

圖表4-1比較了ETF追蹤不同指數的績效。SPDR標普500指數ETF追蹤大型股，而其他指數則追蹤其他標的。從圖表4-1可以看出，截至2013年10月31日為止，這6個指數的幾種年均報酬率的差異。

圖表4-1 　ETF當中不同指數的績效

ETF名稱（代碼）	追蹤的指數	指數的成分股類型	1年平均年報酬率（%）	3年平均年報酬率（%）	5年平均年報酬率（%）	10年平均年報酬率（%）
SPDR道瓊工業平均指數ETF（DIA）	道瓊工業平均指數	30檔大型股	21.8	14.6	13.7	7.3
SPDR標準普爾500指數ETF（SPY）	標普500指數	500檔大型股	27.1	16.5	15.1	7.4

ETF名稱 （代碼）	追蹤的 指數	指數的成 分股類型	1年平均 年報酬率 （％）	3年平均 年報酬率 （％）	5年平均 年報酬率 （％）	10年平均 年報酬率 （％）
SPDR S&P 中型股400 指數ETF （MDY）	標普400 中型股 指數	400檔 中型股	33.3	17.3	19.4	10.1
iShares核 心標普小 型股指數 ETF （IJR）	標普600小 型股指數	600檔小型 股	39.4	20.4	18.2	10.5
iShares羅 素2000 ETF （IWM）	羅素2000 指數	2000檔小 型股	36.3	17.7	17.2	9.0
Invesco納 斯達克100 指數ETF （QQQ）	納斯達克 100指數	100檔市值 最大的納 斯達克成 分股	29.3	17.9	21.3	9.7

⑤ 小型股價格變動大，正是我們需要的

大家應該已注意到，中、小型股指數的績效優於大型股指數。其實，打敗SPDR標普500指數最簡單的方法，就是持有標普600小型股、羅素2000或其他的小型股指數。

然而，實行3％訊號術時，我們會運用一種績效比較好的指數，讓資金在小型股ETF裡轉進轉出。如此一來，就能

在一個更好的基礎上，讓提升績效的機制發揮作用。小型股指數本來就領先SPDR標普500指數，再用3％訊號術加持，績效自然會更好。

　　小型股指數能和3％訊號術一起發揮作用，還有一個理由，那就是它們比大型股指數波動更大，也就是價格變動更大，而波動正是3％訊號術奏效的理由。波動是價格在高低之間的移動，讓我們能夠用3％訊號術低買高賣，方法是透過比較指數與3％訊號線，然後做出回應。

　　許多ETF和共同基金的追蹤對象，都是小型股指數。大多數401（k）計畫和其他退休帳戶，也提供多樣的大、中、小型股證券，讓你只要擁有退休基金，就可以輕鬆實施3％訊號術。

　　有3檔鎖定小型股的優秀ETF，分別是核心標普小型股ETF、嘉信美國小型股ETF（Schwab U.S. Small-Cap）和先鋒小型股ETF（Vanguard Small-Cap），它們分別追蹤標普600小型股指數、道瓊美國小型股全股市指數（Dow Jones U.S. Small-Cap Total Stock Market Index）與CRSP美國小型股指數（CRSP U.S. Small-Cap Index）。

　　每檔ETF的持有費用都很低廉，費用比率為0.20％或更低，投資組合的周轉率則是20％或更低。

　　周轉率低於20％，代表在大多數的年度裡，這些基金的投資組合有80％沒有變動，可以把交易成本降到最低。圖表4-2是截至2013年10月31日，上述3檔ETF與SPDR標普500指

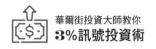
華爾街投資大師教你
3%訊號投資術

圖表4-2　到2013年10月31日為止，小型股ETF與SPDR
標普500指數ETF的比較

代碼	名稱	起始日期	收益率（％）	費用比率（％）	1年的年均報酬率（％）	3年的年均報酬率（％）	5年的年均報酬率（％）	10年的年均報酬率（％）
IJR	iShares核心標普小型股指數ETF	2000年5月	1.3	0.16	39.4	20.4	18.2	10.5
SCHA	嘉信美國小型股ETF	2009年11月	1.6	0.08	37.9	19.1		
VB	先鋒小型股ETF	2004年1月	1.4	0.10	36.4	18.7	19.6	
SPY	SPDR標普500指數	1993年1月	1.9	0.09	27.1	16.5	15.1	7.4

數ETF的比較。

由此可見，這3檔小型股ETF的績效輕鬆勝過大型股ETF，而這正是3％訊號術設定打敗大盤的衡量基準。

另外，指數型共同基金（index mutual fund）也是一個選項，它同樣運用指數，費用比率與績效也跟ETF差不多。舉例來說，先鋒小型股指數基金（NAESX）同樣追蹤CRSP美國小型股指數，等同於先鋒小型股ETF（VB）。

3％訊號術將採用核心標普小型股ETF，因為它是小型

股ETF當中最廣泛流通的基金，而且很便宜。不過，如果可以取得更便宜的選項，當然一定要採用。

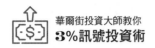
4-2

為何建立債券部位，才能保障資金安全穩健？

3％訊號術把資金切割成股票與債券兩個部位。在你有薪資等進帳的期間，配置目標是股債比為80/20，當債券部位餘額在投資組合裡占比過高時，有時候需要再平衡。這個再平衡將在30％時觸發。

每當你提撥新的現金進入戶頭時，要馬上轉進債券部位，擺在這裡直到3％訊號術每季發出訊號時，再調度給股票部位。

3％訊號術將部分資金擺在債券部位是為了安全，因為債券的波動比股票小得多，而且有時候股票下跌，債券會上漲。再加上債券穩定配息，帶來令人安心的現金流，對投資績效貢獻良多。把部分資金擺在債券部位，可以為3％訊號術的股市買進訊號儲備資金，而且在等待買進時還能賺到不錯的報酬。

如果帳戶的安全部位是現金，將無法獲利，而且在長期的股市上升期間，整體績效也將落後於市場。因此，必須維

持20%債券部位的目標。

市面上有許多收費低的ETF可供選擇。你的目標是執行3%訊號術，80%的資金用於購買最便宜的小型股ETF，以及20%的資金放在最便宜的債券基金。

主要債市包括短期、中期和長期的政府債與公司債，如同圖表4-3所顯示。

圖表4-3 債券市場

整體債券市場					
短期		中期		長期	
政府	公司	政府	公司	政府	公司

除了上述市場的核心組成之外，還有政府國民抵押協會（Government National Mortgage Association，簡稱GNMA或吉利美〔Ginnie Mae〕）發行的政府機構債券（Agency bond），以及經常被稱為「垃圾債券」的高收益債券。由於垃圾債券的風險太高，因此可以馬上排除。另一方面，吉利美債券很適合我們的目標，它與美國國庫券一樣，是安全度最高的。

接下來，我們比較每個主要債市類別裡的先鋒債券ETF，包括不動產抵押貸款證券市場的ETF，以及1980年6月上市的先鋒吉利美。我們把先鋒吉利美納入，是因為可以

在2000年底開始的50季時間框架裡，搭配運用3％訊號術。

對你來說，啟動3％訊號術，應該從便宜的ETF選項當中，挑出一檔合理、更多帳戶都提供的ETF。圖表4-4是截至2013年10月31日的數據。

雖然先鋒不是唯一提供低成本債券指數基金的公司，但確實位居龍頭地位。如果其他標的建立起追蹤紀錄，或許也值得考慮，例如2011年7月上市、費用比率只有0.05％的嘉信美國綜合債券（Schwab U.S. Aggregate Bond, SCHZ）。

可靠、低成本的債券基金，讓投資更安全

初步的一年期報酬率，反映出債券投資人在2013年對利率上升的憂慮。這種恐懼顯示債券市場的權衡關鍵。長期債券提供較高的收益與強勁的長期績效，但是對利率的波動也較為敏感。

實行3％訊號術，目標不是成為債券交易狂，而是運用一檔可靠、低成本的債券基金，來擺放資金裡的安全配置。因此，一檔總體債券市場基金（例如先鋒整體債券ETF），或是中期債券基金（例如先鋒中期債券ETF），基本上都是最好的選擇。

這些債券基金始終績效長青，通常接近其投資標的整體的中間值，而且收費低廉，確實符合實行3％訊號術時對債券基金的期待。

圖表4-4 到2013年10月31日為止，先鋒債券ETF的比較

代碼	名稱	起始日期	收益率（％）	費用比率（％）	1年的年均報酬率（％）	3年的年均報酬率（％）	5年的年均報酬率（％）
BND	先鋒整體債券ETF（Vanguard Total Bond Market）	2007年4月	2.2	0.10	−1.1	2.9	5.9
BSV	先鋒短期債券ETF（Vanguard Short-Term Bond）	2007年4月	1.1	0.11	0.6	1.5	3.7
BIV	先鋒中期債券ETF（Vanguard Intermediate-Term Bond）	2007年4月	2.9	0.11	−1.7	3.9	8.5
BLV	先鋒長期債券ETF（Vanguard Long-Term Bond）	2007年4月	3.9	0.11	−7.3	6.2	10.9
VMBS	先鋒不動產抵押貸款證券ETF（Vanguard Mortgage-Backed Securities）	2009年4月	1.1	0.12	−0.6	2.3	
VFIIX	先鋒吉利美債券ETF（Vanguard GNMA）	1980年6月	2.4	0.21	−0.8	2.7	5.4

　　如同圖表4-4所顯示，先鋒整體債券ETF只下跌1.1％，這在股市連打個噴嚏都算不上。此外，債券基金價格的損失

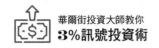

可以被穩定配息所抵銷。舉例來說,在2013年11月初、半年
期剛結束時,先鋒整體債券ETF價格下跌2.1%,但每月配息
率大約是每單位0.17美元,因此配息是1美元以上。配息讓
先鋒整體債券ETF半年期的價格少賠57%,成為0.9%。

　　長期來看,配息的重要性會更加明顯。從1976年以來,
某些廣泛的債券組合90%的總報酬就是來自配息,而非價格
波動。

　　本書的歷史範例在債券基金部分選用先鋒吉利美,是因
為交易資訊可以回溯到2000年,也就是50季時間框架的起
點,並且可以用歷史數據來證明,無論經濟環境如何,3%
訊號術都行得通。

　　然而,自2007年4月以來,已經有比先鋒吉利美更便宜
的選項,建議你善加好運用,選擇最便宜的整體債券指數型
基金,或是中期債券指數型基金。

4-3

用小型股ETF取代大型股ETF，獲利確實領先

當我們運用核心標普小型股ETF，取代SPDR標普500指數ETF，績效可以領先多少？我們知道核心標普小型股ETF的波動率更高、長期績效更好，理當能提供優勢，但是這需要確認。

我們以相同的時間框架，從2001年初到2013年底的50個季度，同樣把起始金額1萬美元的80％，放在核心標普小型股ETF，20％放在先鋒吉利美，唯一不同之處在於3％訊號術用的是核心標普小型股ETF。我們可以觀察，以小型股取代大型股時，將領先SPDR標普500指數多少。

圖表4-5是核心標普小型股ETF 50季的收盤價。

在2000年第4季，核心標普小型股ETF的收盤價是32.34美元，8千美元可以買247個單位。2001年第1季，它配息0.04美元和之前一樣，根據3％訊號線，股票部位餘額應該要從原先的8千美元來到8,240美元。這一季沒有達標，餘額的7,250美元距離目標還有720美元的差額，因此需要買進

圖表4-5 ▶ 2001年第1季至2013年第2季，核心標普小型股ETF 50季經調整的收盤價

年度	第1季（美元）	第2季（美元）	第3季（美元）	第4季（美元）
2001	30.40	34.18	28.63	34.42
2002	36.89	34.53	28.13	29.49
2003	27.73	33.31	35.72	40.85
2004	43.48	45.04	44.22	50.00
2005	48.97	50.98	53.61	53.77
2006	60.68	57.87	57.12	61.50
2007	63.28	66.50	65.35	60.92
2008	56.15	56.52	55.90	41.55
2009	34.51	42.24	49.88	52.31
2010	56.95	51.86	56.75	66.08
2011	71.12	71.03	56.89	66.61
2012	74.64	71.94	75.87	77.47
2013	86.58	90.09		

23.68個單位。

　　債券部位餘額從初始的2千美元上升至2,126美元，這要歸功於核心標普小型股ETF與債券配息，再加上債券價格微幅上揚，但是將債券部位用來買核心標普小型股ETF共23.68

個單位後，剩下1,407美元。

最後，核心標普小型股ETF餘額上升到271.05個單位，價值8,239.92美元，再次接近3％訊號線。

請參考下頁圖表4-6，我們運用相同的投資術，只是把SPDR標普500指數ETF換成核心標普小型股ETF，且排序依照總餘額遞減，整理為圖表4-6。

你馬上會注意到一個不同之處，就是把3％訊號術所需的額外現金，從一開始就買進後長抱核心標普小型股ETF，這樣產生的最終餘額是最高的，而這在SPDR標普500指數ETF並沒有發生。

不過，這不是什麼有益的發現，理由有3個：第一，大多數人在時間框架的起點，沒有這麼多錢進行投資；第二，沒人能預先知道在這個時間框架中，買進後長抱的績效最好；第三，多數人都是「買進後跳傘保命」而不是「買進後長抱」。因此，其他的投資法對我們才有利。

在其他的投資法當中，**投資法2是3％訊號術的基本款，能產生最高的最終餘額，比其他兩種投資法對額外現金的運用更有效**，包括投資法3的定期定額法。投資法4和5都沒有再投入額外現金，而3％訊號術以最終餘額29,760美元，超越了買進後長抱核心標普小型股ETF的27,289美元。

以3％訊號術搭配小型股ETF，無論是否投入額外現金，績效都很優異。不過，我們真正的目標是打敗SPDR標普500指數ETF，這也做到了，而且贏很多。

圖表4-6　核心標普小型股ETF投資法比較

編號	2000年12月～2013年6月的投資方式	起始金額（美元）	額外投入金額（美元）	最終股市餘額（美元）	最終債券餘額（美元）	最終餘額總計（美元）
投資法1	把投資法2需要的額外現金，在起始金額一口氣買進並長抱核心標普小型股ETF	37,249	0	101,648	0	101,648
投資法2	以核心標普小型股ETF與先鋒吉利美進行3%訊號術，比率80/20，需要時供應額外現金	10,000	27,249	69,318	16,403	85,271
投資法3	在投資法2需要額外現金時，在起始金額1萬美元後，平均分配於50季買進（定期定額法）	10,000	27,249	78,105	0	78,105
投資法4	以核心標普小型股ETF與先鋒吉利美進行單筆的3%訊號術，比率80/20，之後不再投入現金	10,000	0	24,065	5,695	29,760
投資法5	買進並長抱核心標普小型股ETF	10,000	0	27,289	0	27,289

　　圖表4-7是以核心標普小型股ETF與SPDR標普500指數ETF，進行3％訊號術的比較，包括將所需額外現金以定期定額法投入，總共有4種組合的結果。

圖表4-7　以核心標普小型股ETF執行3％訊號術，打敗以SPDR標普500指數ETF執行3％訊號術

編號	2000年12月～2013年6月的投資方式	起始金額（美元）	額外投入金額（美元）	最終股市餘額（美元）	最終債券餘額（美元）	最終餘額總計（美元）
投資法1	以核心標普小型股ETF與先鋒吉利美進行3％訊號術，比率80/20，需要時供應額外現金	10,000	27,249	69,318	16,403	85,271
投資法2	在投資法1需要額外現金時，在起始金額1萬美元後，平均分配於50季買進核心標普小型股ETF（定期定額法）	10,000	27,249	78,105	0	78,105
投資法3	以SPDR標普500指數ETF與先鋒吉利美進行3％訊號術，比率80/20，需要時供應額外現金	10,000	30,711	60,595	10,193	71,152
投資法4	在投資法3需要額外現金時，在起始金額1萬美元後，平均分配於50季買進SPDR標普500指數ETF（定期定額法）	10,000	30,711	63,667	0	63,667

在圖表4-7中的每個組合裡，運用核心標普小型股ETF的績效，都比運用SPDR標普500指數ETF更好。運用核心標普小型股ETF的投資法1，最終餘額為85,271美元，而運用SPDR標普500指數ETF的投資法3，卻只有71,152美元，前者績效比後者高出20.5％。

我們確實需要額外現金，但是比以SPDR標普500指數ETF執行3％訊號術時來得少。運用SPDR標普500指數ETF，有19個季度面臨現金短缺，而運用核心標普小型股ETF，如同圖表4-8所示，則只有11個季度需要挹注現金。圖表中的數字經過四捨五入，但總額是正確的。

圖表4-8 從2001年第1季至2013年第2季，運用核心標普小型股ETF的11個現金短缺季度

季度	所需額外金額（美元）	季度	所需額外金額（美元）
Q302	389	Q308	1,083
Q103	927	Q408	7,814
Q304	193	Q109	5,598
Q407	1,529	Q210	5,183
Q108	2,699	Q311	1,232
Q208	600		27,249

　　可見得，以核心標普小型股ETF進行3％訊號術，不光是績效較優，就連現金短缺的金額也比較小。

　　在這兩種情況裡，3％訊號術在投資時間框架結束時，還有一大筆資金在安全的債券部位。這代表3％訊號術是以較低風險打敗市場，在原始績效與經風險調整過後的績效上，都表現得更好。

　　現在，請看圖表4-7中的投資法2與4，無論資金放在核心標普小型股ETF或SPDR標普500指數ETF，定期定額法的最終餘額都比較低，而且債券部位都是零。

　　投資法1和3是執行3％訊號術，不僅最終餘額較高，債券部位都還有一大筆結餘。在運用核心標普小型股ETF時，債券部位有16,403美元，在最終餘額85,721美元中占比為19％。在運用SPDR標普500指數ETF時，債券部位為10,193美元，在最終餘額71,152美元中占比為14％。

以小型股ETF執行3％訊號術，可說一枝獨秀

　　想理解為什麼3％訊號術機制能提升績效，要注意當大盤在下個季度下跌20％時（例如2008年第4季），會發生什麼事？

　　為了容易理解，假設核心標普小型股ETF，與SPDR標普500指數ETF的跌幅相當，且債券價格維持穩定。圖表4-9是這4種投資法在遇到大幅虧損時的前後比較。

圖表4-9　市場大跌20％，對3％訊號術和定期定額法的
衝擊

編號	2000年12月～2013年6月的投資方式	最終債券餘額（美元）	市場跌20％後的債券餘額（美元）	最終股票餘額（美元）	市場跌20％後的股票餘額（美元）	最終淨值總計（美元）	市場跌20％後的最終餘額總計（美元）
1	以核心標普小型股ETF與先鋒吉利美進行3％訊號術，比率80/20，需要時供應額外現金	16,403	16,403	69,318	55,454	85,721	71,857
2	在投資法1需要額外現金時，在起始金額1萬美元後，平均分配於50季買進核心標普小型股ETF（定期定額法）	0	0	78,105	62,484	78,105	62,484
3	以SPDR標普500指數ETF與先鋒吉利美進行3％訊號術，比率80/20，需要時供應額外現金	10,193	10,193	60,959	48,767	71,152	58,960

編號	2000年12月～2013年6月的投資方式	最終債券餘額（美元）	市場跌20%後的債券餘額（美元）	最終股票餘額（美元）	市場跌20%後的股票餘額（美元）	最終淨值總計（美元）	市場跌20%後的最終餘額總計（美元）
4	在投資法3需要額外現金時，在起始金額1萬美元後，平均分配於50季買進SPDR標普500指數ETF（定期定額法）	0	0	63,667	50,934	63,667	50,934

在一場股市大跌裡，餘額產生巨幅變化。運用定期定額法的投資法2，將資金全押在股票上，整體蒙受20%的大縮水，從78,105美元來到62,484美元。

3%訊號術因為在債券部位有一大筆資金，而降低了股市大跌的衝擊。投資法1的餘額只跌16.2%，從85,721美元來到71,857美元，而投資法3的餘額只跌17.1%，從71,152美元來到58,960美元。

3%訊號術維持的債券部位餘額，在股市表現較差的季度，可以實現4個好處：第一，降低股市下跌的傷害。第二，為接下來的低廉股價提供購買力。第三，讓人有安心感。第四，也是最重要的，就是為下一步的正確行動灌注信心。

當股價跌到底時，正確的行動當然就是買買買，3%訊號術也會發出買進訊號。在圖表4-9的2種情況下，提醒你把債券部位的餘額全部拿出來，買進核心標普小型股ETF，或是用71%買進SPDR標普500指數ETF。

這麼做非常令人讚嘆，更不用說，3%訊號術的績效優勢超越了大多數的投資方式。在現實世界裡，以核心標普小型股ETF執行3%訊號術，更可說是勇冠三軍，而且大幅領先。

很少投資人能像這裡的定期定額法案例，以機械般的精準與不帶情緒的嚴謹，來執行自己的投資組合。大多數人都是事後放馬後砲，猜當初該怎麼做才對，但往往都猜錯。

你從3%訊號術獲得的部分優勢，是對於它發出的訊號有信心，並對於隨著市場波動採取行動感到滿意，這可以幫你避免人為判斷的危險。

最後，即使有人從未脫離定期定額法的正軌，也幾乎都是運用多樣化的基金組合。這些組合的整體績效，落後於範例中單純只有股票ETF的配置，而股票ETF的高波動性，可能會使他被踢出牛市。如果他運用多樣化的投資組合，波動會小一些，但獲利會比較低。

3%訊號術能取得平衡，每一季提供明確指示，以較低的風險與更多的情緒支持，達成高績效的目標。

接下來，我們比較一下，3%訊號術與真實股市中的其他作法。

4-4

實例證明：用3%訊號線操作，賺得比買股長抱多

　　事後諸葛會說，如果在我們檢驗的這段期間，買進並長抱某些投資標的，績效應該會比3％訊號術更好。就像總是會有更大的魚、更綠的草地，當然也會有績效更優異的投資標的。

　　問題是沒有人能未卜先知，實務上由於情勢所迫，難以在正確時間點，持有績效最佳的投資標的，大家只能事後討論，並帶著中樂透頭獎般的渴望。

　　我稱這些超級股票為「英雄持股」，因為誰持有它們，就是股市英雄。我們已經看過，從2000年12月至2013年6月，總共50季的時間框架裡，績效最神奇的英雄持股，是一家營養品與減重公司快驗保（MED）。這檔股票於2000年第4季，收盤價只有0.14美元，但2013年第2季收盤價卻是25.76美元，成長18300％。

　　你會發現很少有股票比這一檔更猛。假如拿1萬美元買進快驗保，然後沒有再買進，再跟我們考慮過的投資法相

比，結果如同圖表4-10。

圖表4-10 ▶ 買入後長抱快驗保，和以核心標普小型股ETF、
SPDR標普500指數ETF進行3%訊號術比較

2000年12月～2013年6月的投資法	起始金額（美元）	額外投入金額（美元）	最終股票餘額（美元）	最終債券餘額（美元）	最終餘額總計（美元）
在整段時間框架，以0.14美元的價位買進並長抱快驗保	10,000	0	1,840,000	0	1,840,000
以核心標普小型股ETF與先鋒吉利美進行3%訊號術，比率80/20，需要時供應額外現金	10,000	27,249	69,318	16,403	85,721
以SPDR標普500指數ETF與先鋒吉利美進行3%訊號術，比率80/20，需要時應額外現金	10,000	30,711	60,959	10,193	71,152

　　結論很簡單！趕快去找下一檔快驗保，買進後長抱一輩子，然後在最正確的時間點賣掉。

　　突然間，我們明白「看未來」沒有「回頭看過去」那麼容易。而且，每一檔快驗保都可能像貝爾斯登（Bear Stearns）與安隆（Enron），本來前途不可限量、最後卻垮台消失。我們很容易嘲笑抱著這些股票的是呆子，但事實上並非如此。

　　美國大型投資銀行貝爾斯登（Bear Stearns）曾入選《財星》雜誌，在該產業最受讚賞企業名單中位居第二名，一年後，股市名師克雷默（Jim Cramer）還告訴《瘋錢》（Mad Money）的觀眾說：「貝爾斯登沒事……。」結果不到一週，該公司就發表急需紐約聯邦儲備銀行緊急貸款，但沒貸成，終於在2008年3月16日賤價賣給摩根大通集團。

　　至於安隆，打從2001年第4季一開始就完蛋，然而16位股市分析師中，仍有13位將該公司股票評等為「建議買進」，結果兩個月後安隆申請破產。

　　這只是眾多失敗建議當中的兩個，而每個建議都有人相信並且買進後長抱，因為當時的研究都說有一天能以更高價位脫手。在這裡，我們先不考慮大眾多麼容易被騙去買爛股，而是聚焦光芒萬丈的快驗保，以及從2000年至2013年期間，達到18300％的成長。

　　如果在現實生活裡，當某檔幸運的基金具有像快驗保這樣的英雄持股，會發生什麼事呢？

　　圖表4-11是快驗保在我們所檢驗的期間，共50季的收盤價，外加在2000年底的收盤價0.14美元。

　　從2000年底的0.14美元，到2013年中的25.76美元，這一路戲劇性的飆漲中，我們以為沿途會製造筆直上升的獲利線，但情況並非如此。

　　過去幾年，對於快驗保及其股價的大幅度波動，許多零效度度意見曾發出看多與看空的評論。有些說對有些說錯，

圖表4-11 ▶ 2000年第4季至2013年第2季，快驗保的季收
盤價

年度	第1季（美元）	第2季（美元）	第3季（美元）	第4季（美元）
2000				0.14
2001	0.44	0.33	0.20	0.22
2002	0.83	0.81	1.79	5.32
2003	4.94	11.25	12.35	14.10
2004	8.99	5.31	4.48	3.52
2005	2.87	3.04	4.00	5.24
2006	9.23	17.87	8.68	12.57
2007	7.16	8.95	5.58	4.85
2008	4.23	5.26	6.81	5.52
2009	4.15	11.46	21.72	30.58
2010	25.13	25.91	27.13	28.88
2011	19.75	23.73	16.15	13.72
2012	17.46	19.68	26.15	26.39
2013	22.92	25.76		

這在50％準確率的環境裡相當合理。

當快驗保成為漲幅或跌幅最高的股票時，成為每天都有
市場報告的個股，例如：2006年9月25日，在某份報告中顯

示，快驗保獲得新客戶的成本升高，因此獲利展望疲軟後，其股價下跌16%。

然而，這檔股票當然也有風光的時候。2010年2月16日，路透社報導：「就在米克（Barry Minkow）的詐欺追查協會（Fraud Discovery Institute, FDI）終止了對該公司的調查之後，減重飲品與體重管理產品製造商快驗保，週二大漲7%。快驗保的股價過去幾年受到重創，是因為詐欺追查協會指控這家公司，把塑身一生（Take Shape for Life）這項產品直接銷售給下線，發展所謂的老鼠會。」

從1月8日至2月12日，也就是在詐欺追查協會發布指控快驗保的報告，與宣布終止調查的最後一個交易日之間，快驗保的股價急速下挫38%，從30.91美元暴跌到19.04美元。

即使挑中潛力股，也能在大跌中不賣？

想像一下，長抱著這樣股價猛然下跌、捲入詐欺、被說是老鼠會的股票，都沒有賣掉，實在不是件容易的事。事後諸葛在講述英雄事蹟時，似乎都省略了這些細節，但是我們不會。

關於快驗保的案例，假設事後諸葛與其他投資者在這50季裡，都一樣面對有關該公司的龐大訊息，而且每一季都得決定是否要買進、買出或持有。

這段期間內，假設事後諸葛用1萬美元，在2000年底以

0.14美元的價位買進，這是整個時間框架中的最低價格，然後每季丟1次銅板，正面代表繼續持有，反面代表賣掉，而在事後諸葛未持有快驗保的季度，正面代表買進，反面代表他把錢留在現金部位。

這是必要的簡化，因為我們無法交代事後諸葛賣出部分持股的可能性，或是可能會做的其他選擇，但這還是讓我們有個靈感，就是50％的失敗率如何影響一檔英雄持股的績效。

圖表4-12是在2000年底以0.14美元買進快驗保之後，丟擲50次銅板的結果。

圖表4-12 在快驗保歷史價格期間的丟銅板結果

季度	快驗保價格（美元）	丟銅板結果	行動	現金部位餘額（美元）	快驗保部位餘額（美元）
Q400	0.14		買進	0	10,000
Q101	0.44	反	賣出	31,429	0
Q201	0.33	正	買進	0	31,429
Q301	0.20	反	賣出	19,048	0
Q401	0.22	反	繼續持有	19,048	0
Q102	0.83	反	繼續持有	19,048	0
Q202	0.81	反	繼續持有	19,048	0
Q302	1.79	正	買進	0	19,048
Q402	5.32	正	繼續持有	0	56,611

季度	快驗保價格（美元）	丟銅板結果	行動	現金部位餘額（美元）	快驗保部位餘額（美元）
Q103	4.94	反	賣出	52,567	0
Q203	11.25	正	買進	0	52,567
Q303	12.35	正	繼續持有	0	57,707
Q403	14.10	反	賣出	65,884	0
Q104	8.99	反	繼續持有	65,884	0
Q204	5.31	正	買進	0	65,884
Q304	4.48	正	繼續持有	0	55,586
Q404	3.52	反	賣出	43,675	0
Q105	2.87	反	繼續持有	43,675	0
Q205	3.04	正	買進	0	43,675
Q305	4.00	反	賣出	57,466	0
Q405	5.24	反	繼續持有	57,466	0
Q106	9.23	正	買進	0	57,466
Q206	17.87	正	繼續持有	0	111,259
Q306	8.68	反	賣出	54,042	0
Q406	12.57	正	買進	0	54,042
Q107	7.16	反	賣出	30,783	0
Q207	8.95	反	繼續持有	30,783	0
Q307	5.58	反	繼續持有	30,783	0
Q407	4.85	正	買進	0	30,783

季度	快驗保價格 （美元）	丟銅板結果	行動	現金部位 餘額（美元）	快驗保部位 餘額（美元）
Q108	4.23	反	賣出	26,848	0
Q208	5.26	正	買進	0	26,848
Q308	6.81	反	賣出	34,759	0
Q408	5.52	反	繼續持有	34,759	0
Q109	4.15	反	繼續持有	34,759	0
Q209	11.46	正	買進	0	34,759
Q309	21.72	反	賣出	65,878	0
Q409	30.58	正	買進	0	65,878
Q110	25.13	反	賣出	54,137	0
Q210	25.91	正	買進	0	54,137
Q310	27.13	反	賣出	56,686	0
Q410	28.88	正	買進	0	56,686
Q111	19.75	正	繼續持有	0	38,766
Q211	23.73	反	賣出	46,578	0
Q311	16.15	正	買進	0	46,578
Q411	13.72	反	賣出	39,579	0
Q112	17.46	正	買進	0	39,579
Q212	19.68	反	賣出	44,601	0
Q312	26.15	反	繼續持有	44,601	0
Q412	26.39	反	繼續持有	44,601	0

季度	快驗保價格 （美元）	丟銅板結果	行動	現金部位 餘額（美元）	快驗保部位 餘額（美元）
Q113	22.92	反	繼續持有	44,601	0
Q213	25.76	反	繼續持有	44,601	0

　　在這檔英雄持股的交易傳說中，漫長的期間必須忍受什麼，我們都可以列出來：勝利後的心痛，以及慶功宴後的輾轉難眠、沮喪、得意、斟酌、壓力、無力感、吹噓、懊惱、生氣等。最終，事後諸葛的1萬美元成長為44,601美元。這跟吹噓的184萬美元有很大的差距。

　　他只是利用後見之明，告訴你在2000年12月底以0.14美元買進快驗保，到了2013年6月會變成多少。這在理論上說得容易，但在現實世界裡難以做到。

　　當然，我們以隨機的方式，觀察快驗保這些年的痛苦歷程，以丟銅板決定每季要如何行動，或許會走出一條不同的道路。

　　然而，期間的確會有幾次真正的成功，事後諸葛會向眾親友吹噓。但真要說有什麼差別，就是這個例子對事後諸葛過於仁慈，因為一開始讓他用0.14美元的價格買進，只過了一季，便往上衝到31,429美元。

　　這樣的設定讓事後諸葛丟銅板前就極有優勢，整體獲利超過91％！無論丟銅板的結果如何，績效表現得相當不錯。2002年的第3至第4季，餘額從19,048美元成長到56,611美

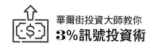

元。2003年的第3至第4季,從57,707美元成長到65,884美元,而2006年的第1到第2季,則是從57,466美元成長到111,259美元,是這一連串成長的最高金額。很可惜地,過了三季之後,事後諸葛的餘額掉到30,783美元。

假設他買進的價位不是2000年的0.14美元,而是2001年的0.33美元,在其他條件不變之下,最終餘額總計只有14,191美元。這段時間的最高金額在2006年只有35,401美元,並在三季後萎縮到9,795美元,低於1萬美元的起始金額。

儘管這些行動是隨機產生,我們還是能想像,一個人在做出這些決策之前的心路歷程。假設事後諸葛2000年時以0.14美元買進快驗保,在2001年第一季,他馬上得到214%的報酬率,這會讓他對自己的投資能力產生信心。特別是當他賣在0.44美元,幾個月後發現跌到0.33美元時,為了下一波漲幅買進,他可能會大喊:「讚啦!」

接下來跌39%或許痛苦,這可以解釋為什麼事後諸葛賣掉,並留在現金部位以示抗議。

隔年快驗保股的價暴漲795%,從0.20美元飆到1.79美元,已經出場的人會懊惱不已,勢必毀了數不清的假期與特殊節日,從2001年第三季至2002年第三季,事後諸葛終於也忍不住而再次進場。眼看一檔股票從0.20美元漲到1.79美元,他決定那就買了,放膽一搏吧。

我們必須讚賞事後諸葛這次的買進,特別是快驗保在一

季內漲了將近3倍，來到5.32美元。只是我們很難讚賞丟銅板的行為。

我們不知道，活生生的投資人在這50季裡操作快驗保，實際績效會是如何，但確實知道的是，長期追蹤紀錄顯示，人類在股市裡有一半的機率判斷錯誤。

這一類的投資故事，通常讓你會心一笑，因為多半會出現這樣的對話：「你知道如果你10年前就買進這檔股票，然後死抱不賣，那就賺死了」、「可惜我當時沒買，你也沒買。而且即使有買，也可能很快就賣掉，然後在高點買回，更別說沒人知道到最後會漲這麼多。所以，現在說這些有什麼意義呢？」

為了分析事後諸葛股市追夢的故事，現在將先前的比較表添加一些現實成分，製作成下頁圖表4-13。

即便是最高績效的股票，也需要在對的時間，以對的金額買進、持有與賣出。然而，在每個環節，我們都只有一半的機率做出正確判斷。因此，即使是英雄持股，最完美的狀況是增值到184萬美元，也可能變成只有44,601美元，或是只剩14,191美元。

圖表4-13 ▶ 快驗保的夢幻泡影與現實的比較

2000年12月～2013年6月的投資方式	起始金額（美元）	額外投入金額（美元）	最終股市餘額（美元）	最終債券餘額（美元）	最終餘額總計（美元）
以0.14美元買進快驗保，並在整段期間常抱不賣	10,000	0	1.840,000	0	1.840,000
以核心標普小型股ETF與先鋒吉利美進行3%訊號術，比率80/20，需要時供應額外現金	10,000	27,249	69,318	16,403	85,271
以SPDR標普500指數ETF與先鋒吉利美進行3%訊號術，比率80/20，需要時供應額外現金	10,000	30,711	60,595	10,193	71,152
以0.14美元買進快驗保，根據每季丟銅板50%的誤判機率進行交易（樂觀一點的現實）	10,000	0	44,601	0	44,601
以0.33美元買進快驗保，根據每季丟銅板50%的誤判機率進行交易（悲觀一點的現實）	10,000	0	14,191	0	14,191

如何像魔法般變出優良的績效紀錄？

想知道如何讓你的投資績效看起來比實際更好嗎？股市名師和投資顧問一直在做這件事。

祕訣是選擇性地報告，我們觀察快驗保的季收盤價時，注意到有多次亮眼的上漲。零效度意見的報告可能只會提及上漲期間，而對於典型交易過程中，有50％機率會誤判下跌期間與整體績效，則略過不提。

幾年時間過去，你丟擲夠多次銅板，將很快彙整出一張股價走勢圖，尋找哪裡一定會有正向結果，即便只是暫時性的獲利。你隨便提一檔股票，我都能找出何時曾經有過正報酬。只要會報喜不報憂，任何人都能像是選股行家。

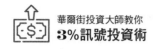

4-5

實例證明：掌握3％訊號線，績效會打敗定期定額

許多人提倡定期定額投資法（簡稱定期定額法），說這是錢進股市的最佳方法。他們反對3％訊號術，是因為它提供的報酬優勢，超越定期定額法的幅度，不值得他們付出額外努力。

不過他們錯了，接下來將說明，為什麼3％訊號術是股市最務實的投資手法。

的確，定期定額法是一種優異的長期投資法。它能消除投顧等大部分無效的雜音，能讓你在高點少買幾個單位，低點多買幾個單位，因此每單位的平均買價，在某時間框架下，能低於該證券的平均交易價格，請見圖表4-14。

光是自動定期投入5百美元，就能在投資期間使每單位的平均購買價格，低於該證券的平均交易價格。定期定額法會受人歡迎，就是因為操作簡單。但在同樣的條件下，在相同時間框架裡，3％訊號術最終能實現更高的餘額。

圖表4-14　定期定額法的優勢

證券價格（美元）	投資金額（美元）	買進的單位數	持有的總單位數	每單位平均買進價格（美元）	每單位平均交易價格（美元）
10	500	50	50	10	10
15	500	33	83	12.05	12.50
5	500	100	183	8.20	10
10	500	50	233	8.58	10
20	500	25	258	9.69	12

　　定期定額法與3％訊號術有何不同？基本上，定期定額法只買不賣，也不會有債券部位，而是百分百投資股票。 3％訊號術會產生債券部位的餘額，而且很少百分百投資股票。

　　在一個長期趨勢走升的股市裡，定期定額法的績效會領先，因為它把全部的錢都放在股票部位，而3％訊號術則是每季賣掉獲利超過3％的部分，以降低股價上漲的潛在風險。

把錢全都押在股票上的缺點

　　定期定額法的問題是，當放在股市的錢被套牢時，人們只能乾瞪眼，無法有效回應。但你在前文中看到，3％訊號

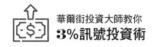

術在股價跌20％時如何降低傷害。

許多定期定額法投資人，在應該買進或是賣出時都不做任何調整。定期定額法沒有提供指示，而不論這個世界發生什麼事，都自動投入更多資金，根本無法滿足情緒上的需求，因為我們看到新聞報導、資產組合的波動，總會想要採取行動，做一些什麼。也就是說，50％誤判率的機制開始運作。

3％訊號術的美好，就是告訴我們應該做什麼，解決人們想要採取行動的需求。當股市跌了就買，當股市大跌更要大買。當股市漲了就賣，當股市大漲更要大賣。這些想法和行動並非總是正確，因為公式不知道若有一季大漲，接下來兩季是否會上漲更多。

然而，隨著時間過去，每季都理性行動，績效將會勝出。3％訊號術能避免極可能發生的人為判斷，例如在第2季的高點孤注一擲，因為價格背後有繼續上漲的動能。

當股市暴跌時，全額擺在股票會讓資金虧損極大化，當你轉回現金時，虧損依然存在，而當股市反轉、股價飆更高時，你只能待在場外抱怨了。

定期定額法具有這樣的風險，是因為全額投資股票，以及每月或每季自動撥款，感受不到我們真的掌控投資組合，就像是打開自動駕駛。定期定額法行不通，除非你認為50％的誤判機率算是可靠。

在現實世界裡，採用定期定額法會發生的是，人們看到

隨著股市上漲的全額投資股票部位，在股市崩盤時垮下，而感到痛苦。他們會部分出場或是全部出場，然後在沒有指示的情況下，一旁的零效度意見又再干擾，說著何時該把資金再次轉進股市。

因此，這種投資法很像是在賭一把，而不是以嚴格的紀律持續買進，讓平均成本下降。

最終，大部分人還是會回歸，以定期定額法買進投資標的，但是直到下一波空頭的底部來臨之前，他們已經錯失最佳的購買機會。

由此可知，採用定期定額法，不會知道投資帳戶未來的價值。即便投資人不會因為慌亂而自亂陣腳，但全額投資波動很大的股市，又沒有安全部位的機制，所以無法在可預測的成長之路上重新開始。

沒有人知道本季結束時，定期定額帳戶餘額會是多少？但是，運用3％訊號術在本季進行再平衡之後，股票基金的價值一定會比上一季高出3％以上。

 價值平均的年報酬率更好

在《定期定值投資策略》裡，艾道森在三百個模擬市場裡，操作「定期定額」與「定期定值」投資策略。這兩種方法的歷史績效很接近，但是在第1輪的1百回合當中，定期定值贏了84回合；在第2輪的1百回合，定期定值贏了90回合；第3輪的100回合，定期定值贏了89回合。在比較年報酬率時，艾道森發現：「定期定值法打敗定期定額法，平均報酬率贏了大約1.4%」，如同圖表4-15所示（摘自該書2006年版的表格8-1）。

圖表4-15 定期定值法打敗定期定額法

模擬操作	定期定額法的年報酬率（％）	定期定值法的年報酬率（％）
第一輪一百回合	15.74	17.03
第2輪一百回合	13.85	15.35
第3輪一百回合	14.88	16.28

定期定額法還會面臨一個問題是：到底要提撥多少錢？在前文談到的定期定額法與3%訊號術的比較中，我們決定

把這段期間額外需要的現金，以定期定額法平均為50季提撥。但在現實世界裡，不會出現這樣的方式，因為我們無法預先知道這50季會發生什麼，也就不會知道3％訊號術的訊號，總共需要多少額外現金。

有時候以定期定額法提撥金額，單純只取決於投資人負擔得起多少，但是當投資人隨著時間獲得更多資源，以及投資標的與經濟雙雙成長時，缺乏指示可能會成為嚴重問題。

假如設定以定期定額法提撥的金額是每季300美元，那麼每年就有1,200美元，5年後便提撥6千美元。假如每年成長10％，整體餘額將是7,326美元。換句話說，才短短5年就累積不少錢。隨著時間流逝，這300美元的對照帳戶總金額，相形之下會越來越小。你的收入會成長，通膨會讓價格變高，於是不多之後，你定期定額提撥的金額將不再是個恰當數字。

但是，採行3％訊號術之際，這從來都不是問題。3％訊號術以相應的百分率成長，因此發出的買賣指示從開始到結束，都會與整體規模維持相應的比率。

剛開始1千美元的股票部位餘額，在該季只需要成長30美元就能持續進行。隨著時間過去，當建立的餘額已達30萬美元，該季就需要9千美元才能達到成長目標。

3％訊號術會自動計算，無論帳戶規模大小，每季的調整都很重要。加上股票部位餘額的成長會因為賣出訊號而變現，然後轉進債券部位，以支應後續的買進訊號，即便這些

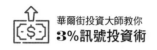

數字會隨著時間變大也不要緊。

　　例如，該季你不需要拿出9千美元，因為一部分或全部的金額，會由股市本身的成長來供應。如果沒有，也能從過去股市成長而賣掉的部位來填補。

　　使用定期定額法，即便隨著時間提高定期提撥金額，因為收入提高，跟整體帳戶餘額相比，提撥的金額還是小巫見大巫。讓我們正向地思考，並假設你開始定期定額每季提撥3百美元，5年內收入將翻4倍，因此你把提撥金額調高到每季1,200元、一年4,800美元。在接下來的5年，總共將提撥3萬美元，帳戶的價值是41,103美元，一樣假定年報酬率是10％。

　　回到5年的起跑點，當時你提撥金額只有每季3百美元，僅占你的帳戶價值4％，現在10年後，你每季提撥的1,200美元僅占整體3％，而每季1,200美元並不是小數目。

　　你可以看見，過去提撥金額的積累與成長，最終都會讓後來提撥的金額相形見絀，於是在極度的衰退裡，削弱了採取重要行動的能力。

　　10年如實提撥投資之後，帳戶有41,103美元。假如股市連續崩盤兩個月，價值就會掉到24,662美元。在定期定額法中，正確作法是當價格下跌時，要繼續提撥資金，才能買進更多單位。

　　但問題是，對於一個已經消失16,441美元的帳戶，這一季丟進1,200，下一季再丟進1,200美元，會感覺像是拿著湯

匙舀水去救火。你會想要採取更多行動，但結果可能是在股市的谷底全部贖回。

你或許會想：「我若只是定期定額，永遠都不足以帶來明顯差異，而且還只能看著帳戶裡的數字蒸發，我得阻止這一切才行。」於是你贖回了。

如果使用3％訊號術，會跟定期定額法一樣，每季定期提撥投資金額，但將受惠於額外的購買力，這來自你的債券帳戶，包括過去的提撥金額和賣掉股票部位的錢。只要做一件聰明的事，就能為你灌輸信心、堅持到底。如果你想做點什麼，那就照著3％訊號術的訊號行動，這一直都有效。

⑤ 把錢分散投資多種基金，績效反而糟糕

由於上述的缺點，當定期定額法與買進後持有使用於單一股票基金時，幾乎總是被切割成五花八門的基金與資產類別。

舉例來說，你每月或每季定期提撥的金額，不會只是轉進一檔小型股基金，而是被轉進一檔大型股基金、一檔成長與收入型基金、一檔國際股票基金、一檔債券基金，或許還有一檔國庫券基金等。最終，可能是放40％在積極型股票、30％在穩定型股票、20％在債券，以及10％在國庫券。

這種多樣化的投資會削弱績效，幾乎永遠都追不上3％訊號術的報酬率。3％訊號術維持80％的資產在小型股上，

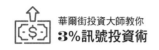

非常具攻擊性、但風險也很高，除非剩餘的20％資金與額外提撥金額備而不用，等著市場出現弱化跡象時進場購買。當你的績效幾乎打敗每一種錢進股市的手法，將會覺得壓力減輕不少。

所以，相較於定期定額法，3％訊號術其實是把更多錢投入市場的小型股類別。在前面事後諸葛的把戲裡，以定期定額法，操作3％訊號術的所需額外金額，百分之百都配置給小型股。但是沒有人會這麼做，當事後諸葛不斷暗示這是有可能的，也沒有人真的買在最低點、賣在最高點。

然而，就像你在前文例子看到的，即使相較於以定期定額法虛構地完全投資小型股，3％訊號術的原始報酬率都能領先，經過風險調整後的績效則超前更多。

定期定額法的確是良好的投資方式，肯定比在開放市場，用零效度意見來丟銅板的胡亂冒險要好得多。但是，定期定額法還是比不上3％訊號術，因為它鎖定一檔基金，經過風險調整後的績效比較低。

情況之所以會這樣，是因為定期定額法始終都是全額投資，無法滿足我們回應市場發生大事的情緒需要，無法因應市場價格，或是根據投資組合的價值變動，提供資金加碼或減碼的指示。

而且，幾乎總在績效較低的資產類別，進行多樣化投資，因為沒人應付得了把錢全押在攻擊型股票，卻沒有明確的買進賣出公式。圖表4-16是這兩種投資法的比較。

圖表4-16 ▶ 3%訊號術優於定期定額法的理由

定期定額法	3%訊號投資術
總是全額投資，若是全押在單一基金，會面臨最大的市場風險	受益於債券部位餘額，包括降低市場風險，以及適時下手購買
無法滿足能控制投資的情感需求，導致運用人為判斷，而脫離投資正軌	透過每季發出的回應價格波動的訊號，來滿足能控制投資的情感需求，這代表更可能會堅持到底
沒有提供為了回應市場情勢，而變更定期定額金額的指示	不論買或賣，都以訊號提供完整的指示，而且是以相應比率的數量來交易
成長的時程不一，完全取決於市場的波動	股票部位餘額的成長，取決於每季3%的預測目標，並以債券部位餘額來幫忙達成
通常在績效較低的資產類別，進行多樣化投資，來尋求安全與心靈平靜，因為不會發出買進或賣出的指示	可以集中投資一檔高績效的小型股，因為買賣指示能有效利用價格波動，提供心靈平靜與較高獲利

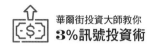
4-6

即使股市暴跌，也要堅持「跌30%不出場」！

　　目前為止提到的定期定額法與買進後持有，都顯示出全額投資有一個最大弱點，就是投資人在市場谷底時太過恐慌，導致脫手賣掉，而鎖住了虧損，錯過了後面的反彈。相對地，3%訊號術的處理方式，是發出以更低價買進的訊號，或者若沒有現金可以買，起碼不要出場。

　　有一刻，我們把重點放在「什麼能讓全額投資發揮作用」，答案是維持長抱，也就是買進後不理會市場暴跌而堅持長抱，將來會因為反彈而受惠。如果以定期定額法照計畫進行，而且在股市的底部維持全額投資，也會因為反彈而受惠。

　　然而，3%訊號術在極端的拋售期間，有效運用更多金額，因此能在反彈時受惠更多。

　　當股市從嚴重的拋售潮開始反彈時，還有什麼辦法能讓績效變得更好嗎？

　　有的，我稱之為「跌30%不出場」，就是當市場跌幅超

過30％，應該留在股市裡。換句話說，當大盤因為拋售而急
遽下跌時，你應該為了反彈而不出場。

在此，我們必須定義幾個專有名詞。「跌30％」的計算
方式，是用最近2年SPDR標普500指數ETF的季收盤價（不
是每日收盤價也不是盤中價格），因為這是一般大盤的絕佳
替代品，能反映我們在股市裡努力逮到的反彈。

如果你用SPDR標普500指數ETF以外的標的，例如鎖定
某些指數或單一個股，可能會發生過去2年從高點下跌
30％，卻沒有提供反彈的好機會。如果SPDR標普500指數
ETF從近2年的高點下跌30％，則很有機會大幅反彈。既然
我們只用季收盤價，代表你只需要觀察8個價格。

至於跌30％之後要多久不出場，答案是4個賣出訊號。
這可能會連著4個季度發生，也可能中間穿插一些買進訊
號，但是你必須遵守。萬一市場無法很快就反彈，我們會為
「跌30％不出場」設置2年的期限。以下歸納相關規則：

- 當SPDR標普500指數ETF的季收盤價，從近兩年高點
  跌30％時，會啟動不出場模式。
- 「不出場」是指，不要理會接下來4個賣出訊號。這
  可能會連續發生，也可能中間穿插買進訊號。無論是
  哪一種，不理會4次就對了。
- 在不理會47個賣出訊號，或經過2年後，離開「跌
  30％不出場」規則，並且重新啟動3％訊號術。

你很可能永遠都不需要等到2年。在回溯的測試裡，在下跌超過30％之後，3％訊號術總是在2年內發出4次賣出訊號。儘管如此，我們還是需要一個時限，因為可以想見，股市可能會在下跌30％之後，盤整超過2年。若是如此，就不會發生大幅度的反彈。既然不會反彈，3％訊號術就要恢復標準模式，為了往後的買進而收割股市獲利。

經過長期的盤整後，市場也可能再度下跌，讓3％訊號術發出買進訊號。你會想要收割部分獲利，以因應這樣的偶發情形，所以你不該讓「跌30％不出場」的階段持續超過2年。

相同的道理，假如市場要花超過2年跌幅才會超過30％，那麼大幅反彈的機率也會比較小。

3％訊號術指示我們，當市場下跌時，以更便宜的價格買進，這樣做終將值回票價。股市經常在大崩盤後，馬上從底部向上反攻，大部分的人往往會錯過這個時機，因為他們在等待安全的徵兆，然而這個徵兆通常在錯失許多獲利之前並不會出現。3％訊號術則會偵測到大幅的季成長，並發出賣出訊號，賣掉超出目標的獲利。

由於不理會4次賣出訊號，你將在這段強力反彈期間把錢留在股市，之後才恢復往常，照著訊號操作。

在此，我們運用2007年至2009年的崩盤與後續反彈，做一個簡單對照。在2006年底拿出1萬美元，一半投資核心標普小型股ETF，另一半持有現金（這次不用債券）以備後續買進之用。圖表4-17是2009年股市崩盤的情形。

圖表4-17　在2007-2009崩盤期間用光現金

季度	SPDR標普500指數ETF價格（美元）	核心標普小型股ETF價格（美元）	核心標普小型股ETF發出訊號前的帳戶餘額（美元）	發出訊號前的現金部位餘額	訊號（單位數）	發出訊號後持有的單位數	核心標普小型股ETF發出訊號後的帳戶餘額（美元）	發出訊號後的現金部位餘額	發出訊號後的總餘額
Q406	122.91	61.50	0	10,000	買進 81.30	81.3	5,000	5,000	10,000
Q107	123.73	63.28	5,145	5,000	買進 0.08	81.38	5,150	4,995	10,145
Q207	131.64	66.50	5,412	4,995	賣出 1.62	79.76	5,304	5,103	10,407
Q307	134.16	65.35	5,212	5,103	買進 3.84	83.6	5,463	4,852	10,315
Q407	129.24	60.92	5,093	4,852	買進 8.76	92.36	5,627	4,318	9,945
Q108	117.23	56.15	5,186	4,318	買進 10.86	103.22	5,796	3,708	9,504
Q208	114.25	56.52	5,834	3,708	買進 2.40	105.62	5,970	3,573	9,542
Q308	104.15	55.90	5,904	3,573	買進 4.38	110.00	6,149	3,328	9,477
Q408	81.69	41.55	4,571	3,328	買進 42.42	152.42	6,333	1,565	7,898
Q109	72.50	34.51	5,260	1,565	買進 36.60	189.02	6,523	302	6,825

股市在觸底的時候，反彈力道最大

在熊市底部，我們的現金所剩無幾。這時候，時即便核心標普小型股ETF每一季都規律地成長3%（這要歸功於照著訊號操作），總餘額還是少了32%。

我們不知道市場即將反彈。如果我們沒有堅持「跌30%不出場」規則，而是照著接下來的賣出訊號操作，帳戶在往後2年的成長幅度，將只剩下圖表4-18那樣而已。

在直接觸底時，反彈力道最大，上漲65%。從2009年第1季的34.51美元，來到2010年第1季的56.95美元。在這個有利可圖的階段，我們隨著價格上升賣出，雖然減少一些獲利，但還是表現不俗，在反彈的頭兩年，總餘額成長82%。

然而，如果我們進入「跌30%不出場」階段，在SPDR標普500指數ETF下跌超過30%後，不理會接下來的4個賣出訊號，那麼績效會更好。

你唯一需要注意的季收盤價，是SPDR標普500指數ETF的高點，落在2007年第3季的134.16美元，而啟動「跌30%不出場」的價位，是跌破30%或是93.91美元。

2008年第4季，SPDR標普500指數ETF跌到93.91美元以下，啟動了「跌30%不出場」規則，接下來2年內不理會4次賣出訊號。下個訊號出現在2009年第1季，是買進訊號，我們要照著操作，因為這時不必理會的只有賣出訊號。

在下跌30%後，越多的買進訊號代表市場仍在苦苦掙

圖表4-18　反彈時期照著所有賣出訊號操作的影響

季度	SPDR標普500指數ETF價格（美元）	核心標普小型股ETF價格（美元）	核心標普小型股ETF發出訊號前的帳戶餘額（美元）	發出訊號前的現金部位餘額	訊號（單位數）	發出訊號後持有的單位數	核心標普小型股ETF發出訊號後的帳戶餘額（美元）	發出訊號後的現金部位餘額	發出訊號後的總餘額
Q209	84.30	42.24	7,988	302	賣出 30.05	158.97	6,715	1,566	8,281
Q309	97.27	49.88	7,929	1,566	賣出 20.30	138.67	6,917	2,579	9,496
Q409	103.21	52.31	7,254	2,579	賣出 2.48	136.19	7,124	2,708	9,833
Q110	108.81	56.95	7,756	2,708	賣出 7.34	128.85	7,338	3,126	10,464
Q210	96.45	51.86	6,682	3,126	買進 16.89	145.74	7,558	2,251	9,809
Q310	107.21	56.75	8,271	2,251	賣出 8.57	137.17	7,784	2,737	10,521
Q410	118.75	66.08	9,064	2,737	賣出 15.84	121.33	8,017	3,784	11,801
Q111	125.75	71.12	8,629	3,784	賣出 5.22	116.11	8,258	4,155	12,413

扎，而且應該有多少現金就買多少，因為反彈即將來臨，獲利將會越豐厚。

第一個不必理會的賣出訊號出現在2009年第2季，而且到2010年為止，3個賣出訊號接連出現。然而，並非每一次都這樣，在不必理會的賣出訊號中間，也可能穿插買進訊號。只不過在次貸崩盤的底部過後，連續出現4個不必理會的訊號。

圖表4-19是相同投資金額在上述狀況時的績效表現。

由圖表4-19可以看出，績效改善許多。在SPDR標普500指數ETF跌30％後，不理會4次賣出訊號，讓我們2011年第1季的總餘額達到13,586美元。如果沒有實施「跌30％不出場」規則，則是12,413美元。可見得，即使不理會4次賣出訊號，導致無法全額因應2010年第2季的買進訊號，績效還是贏了9％。

「跌30％不出場」規則行得通的理由，應該不難理解。當股市強力反彈時，資金最好留在裡面。其中最高的獲利機會就是大跌後的一小段時間，我們定義為2年。一般來說，要下跌20％才會被視為熊市，因此限制「不出場」的啟動條件為跌30％，讓這條規則鮮少使用，但是這對獲利大有幫助。

你可能會想知道，在這個時間框架下，運用「跌30％不出場」規則的獲利獨占鰲頭，那麼在別的期間是否就不會。其實，在1993年至2013年這20年間，即便運用「跌30％不出

圖表4-19 ▶ 反彈時期不理會4個賣出訊號的獲利

季度	SPDR標普500指數ETF價格（美元）	核心標普小型股ETF價格（美元）	核心標普小型股ETF發出訊號前的帳戶餘額（美元）	發出訊號前的現金部位餘額	訊號（單位數）	發出訊號後持有的單位數	核心標普小型股ETF發出訊號後的帳戶餘額（美元）	發出訊號後的現金部位餘額	發出訊號後的總餘額
Q209	84.30	42.24	7,988	302	不理會賣出訊號1	189.02	7,984	302	8,286
Q309	97.27	49.88	9,428	302	不理會賣出訊號2	189.02	9,428	302	9,730
Q409	103.21	52.31	9,888	302	不理會賣出訊號3	189.02	9,888	302	10,190
Q110	108.81	56.95	10,765	302	不理會賣出訊號4	189.02	10,765	302	11,067
Q210	96.45	51.86	9,803	302	買進24.78（錢只夠買）5.82	194.84	10,104	0	10,105
Q310	107.21	56.75	11,057	0	賣出11.45	183.39	10,407	650	11,057
Q410	118.75	66.08	12,118	650	賣出21.17	162.22	10,719	2,049	12,768
Q111	125.75	71.12	11,537	2,049	賣出6.98	154.24	10,970	2,616	13,586

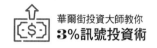

場」規則，導致後續出現買進訊號卻現金不足，比起出現所有賣出訊號都照賣不誤，獲利還是大幅提升。

30%的門檻是理想水位，可以為已造成的現金差額產生最大績效。其他門檻的效益，例如市場下跌25％、35％、40％或45％，都沒有這麼好。

另外，運用標普500指數，而非替代品SPDR標普500指數ETF時，在1950至2013年間，這條規定只出現4次，包括：1970年、1974年、2002年與2009年。其中，不理會4個賣出訊號，全額投資於標普500指數的獲利，分別是1970年有38％、1974年有62％、2002年有14％，以及2009年有43％。

若想要解決資金短缺問題，可以考慮設置一個底部購買帳戶，能更加放大「跌30%不出場」規則的獲利效果。不光能讓你在股市底部堅持不出場，還能在上漲的走勢中，好好利用第一個逢低買進的機會。

執行摘要

　　我們的目標是打敗大型股的標普500指數，但沒規定不能使用其他指數。因此，將大部分的資金都用在小型股，並以債券做為3%訊號術的安全部位。

　　小型股較高的波動會提升績效，並自動仰賴債券基金，讓我們比執行全額投資的定期定額法，更能堅守在正軌上。

■ 小型股ETF的績效勝過同類大型股，3%訊號術會以低買高賣的訊號，將其較高的波動轉為獲利。較高的績效與賣掉的超額獲利，提供我們雙重優勢。

■ 3%訊號術唯一真正的對手是定期定額法。所謂定期定額法是指，無論市場發生什麼事，都定期地投入更多資金。

■ 定期定額法的弱點是始終都全額投資，沒有回應市場變動的機制。這讓投資人在市場很糟糕的時期，無法緩和情緒不安，許多人因為帳戶餘額崩潰而恐慌，於是在錯誤的時機賣掉出場。

■ 定期定額法若只用於一檔股票基金，會引發情緒壓力，導致大多數人分散購買許多基金，造成其績效會低於集中在一檔小型股基金上，而這是3%訊號術的關鍵之一。

■ %訊號術會自動發出買賣的指示，來回應市場的波動，讓投資人覺得安心而繼續執行，同時受惠於小型股ETF的高績效。

■ 3%訊號術能打敗定期定額法，若是使用其他基

金,更是大幅領先。大部分基金的績效,都低於3%訊號術所使用的市場指數ETF。

- 當極端拋售潮發生,暫時留在股市不出場,不理會接下來的4次賣出訊號。這就是「跌30%不出場」規則。

- 歷史顯示,「跌30%不出場」規則在極端拋售潮之際,有很高的勝算能占上風,因為反彈會隨之而來,若我們想要賺得更多,就要盡可能留在股市裡。

The 3 % Signal

NOTE

NOTE

第 5 章

配合帳戶與方案，實踐3％訊號投資術

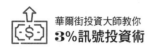

5-1

每一季執行5個步驟，一年重複操作4次

現在你對如何操作3％訊號術，已經具備足夠的知識。

你知道最適合操作的是退休帳戶，因為你能照著賣出訊號操作，又不必擔心稅務問題。不過，**無論你擁有的是不是退休帳戶，都能操作3％訊號術。就像各式各樣的廚房都能存放不同的食材，不同類型的帳戶也能存放各種投資選項。**你在不同廚房烹調同一道菜，最後味道可能很類似，你在任何帳戶操作3％訊號術，結果也會很接近。

不管在哪裡操作，實施的關鍵是相同的投資選項，以及每季進行交易的能力。3％訊號術只需一檔股票基金與一檔債券基金，因此在任何帳戶都行得通。

在本章裡，我們會概述每季操作程序，無論在什麼帳戶，你都要知道如何運用指數型基金，在3％訊號術中，自動維持低成本，考量稅務問題，以及觀察在傳統證券帳戶與公司退休帳戶中怎麼運作。

操作3%訊號術，要注意2種情況

現在考慮具體問題，你將跟隨「每季5步驟」的概要說明，詳細了解每個步驟。由於內容很簡單，而且每年重複操作4次，因此不會花太多時間。

在每一季結束時，你會確認核心標普小型股ETF（或任何一檔你使用的股票基金）的餘額。如果成長超過3％，你會賣掉超出的部分轉進債券基金，再加上你每季提撥的金額之後，若餘額剛好在目標線上，你就不賣出，若餘額低於目標線，你將賣出債券基金，賣出的金額要能讓股票基金達到該季目標線。

你需要注意兩種情況：一是債券餘額是否達到帳戶的30％，二是大盤是否從近期季收盤價的高點，發生跌幅超過30％的狀況。

簡單地說，這個流程包含以下5步驟：

1. 確定該季的訊號線。將上一季股票基金餘額的季收盤價乘以1.03，就代表3％的成長，算出來的數字再加上你每季提撥金額的一半。

2. 從訊號線中扣除目前的股票餘額。如果數字為正就買進，如果接近零就抱著不動，如果數字為負則賣出。將數字除以目前的股價，確定要買賣多少單

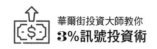
位，最好四捨五入成為整數。

3. 如果訊號顯示買進，先賣出適量的債券部位，來支付你股票部位的買單。如果訊號是賣出，把股票部位賣掉的金額轉進你的債券部位。

4. 如果訊號是賣出，確認你的債券配置依然低於觸發再平衡的臨界值。如果達到30％或更高，註記下一次出現買進訊號時，要把超出的餘額轉進你的股票基金，讓債券部位回到配置目標，而這個目標在你一生大部分時光都是20％。

5. 核對SPDR標普500指數ETF的季收盤價，是否從近2年的高點下跌30％。若是如此，就會啟動「跌30％不出場」的規則，不要理會接下來4次賣出訊號。這種情況極為罕見，但如何正確應對則至為關鍵。

以下是用數字計算，更詳盡解說的5步驟：

1. 舉例來說，假設上一季股票基金餘額是12,845美元，而該季提撥660美元，顯示如下：

12,845 X 1.03＝13,230 → 這是本季的3％成長

660÷2＝330 → 這是你每季提撥金額的一半

13,230＋330＝13,560 → 這是本季的訊號線

在你完成本季的操作之後，訊號線會成為股票基金的最終餘額，下一季要在這個數字上再成長3％。

2. 繼續步驟一的訊號線，以下是用最近餘額12,976美元、股票價位在49.17美元計算出的結果：

13,560美元－12,976美元＝584美元 → 要買進價值584美元的股票基金

584美元÷49.17美元＝11.88 → 在49.17美元價位買進11.88個單位

以下是用最近餘額14,110美元、股票價位在53.47美元計算出的結果：

13,560美元－14,110美元＝-550美元 → 要賣掉價值550美元的股票基金

550美元÷53.47美元＝10.29 → 在53.47美元價位賣掉10.29個單位

在現實生活中，把這個數字四捨五入成整數會比較方便。例如：下單12個單位，會比買進第一個算式的11.88個單位容易；賣掉10個單位，也比賣掉第二個算式的10.29個單位簡單。這樣做不會造成實務上的差距，因為淨獲利逐步增加，而且有時是四捨、

有時是五入,整體將沒有影響。

3. 在步驟二,是買進價值584美元的股票基金,以下是
以債券價格11.83美元計算的結果:
584美元÷11.83美元＝49.73 →在11.83美元價位賣掉
債券基金49.73單位
如果該季訊號是賣出,要確定馬上把賣出金額轉進債券
基金。現在都有快速下單服務,可以在賣出後沒多
久便把金額轉進債券基金。只要在同一個平台登入,
就能完成所有操作。

4. 把債券餘額除以帳戶總餘額,如果小於0.03,什麼都
不用做。如果剛好是0.03或更高,註記下一次出現買
進訊號時,要把超出的餘額轉進股票基金,讓債券
配置回到20％。經過步驟二的賣出訊號後,以下是
以債券餘額2,416美元與帳戶總餘額15,976美元計算
的結果:
2,416美元÷15,976美元＝0.15 →債券部位餘額的占
比是1.5％
如果債券餘額是4,793美元或更高,會觸發30％這條
線,必須註記下次出現買進訊號時,把超出金額轉
進股票基金。

5. 啟動「跌30％不出場」規則的大跌通常很明顯，因為這會占滿財經版面。但是，你得當個不同凡響的投資人，努力與時事斷開連結，只追蹤季收盤價，而且無所動搖。不過，即使徹底與新聞隔絕也會注意到，你的債券配置因為每季的股市走跌，而發出買進訊號。

　　所以，要養成習慣，留心SPDR標普500指數ETF，看看是否跌到足以觸發「跌30％不出場」的規則。

　　為了協助你運用這5步驟，我已建置免費的線上工具，對這些工具與其他本書相關資源有興趣的讀者，請上：jasonkelly.com/3sig。

5-2

別以為基金費用低廉，累積下來吃掉30％獲利

金融業一直在發展「小字體附屬細則」的概念，沒有比金融業更狡猾的搗蛋鬼，他們總是把重要細節放在很難看見的地方。他們知道小額費用會隨著時間累積成一大筆錢，因此極力確保你不會注意到這件事。把你帶進五鬼搬運的卡費與次貸危機裡的人，也很樂意把手伸進你的退休金。

3％訊號術將協助你避免支付不必要的費用，利用你能找到最便宜的指數型基金，從索價不菲的零效度管理投資標的脫身。除了3％訊號術的績效優勢之外，把資金擺在低價位的指數型基金，也可以幫你省下好幾萬、甚至超過10萬美元。

為了讓你理解，以便宜的指數型基金操作3％訊號術，可以省下多少錢，我們研究一下為什麼小費用是大關鍵。

《調查401（k）方案費用》（*A Look at 401(k) Plan Fees*）報告中，揭露了上班族平白損失多少獲利。假設你離退休有35年，退休帳戶裡有2萬5千美元。如果在這35年裡，

平均投資報酬率是7％，費用比率將使這個績效減少0.5％，等到你退休時，即便從未提撥一毛錢進去，退休帳戶餘額還是會達到22萬7千美元，若費用比率達到1.5％，帳戶餘額將只有16萬3千美元。

你最好相信這個事實：看起來僅僅1％多的費用，卻讓退休帳戶餘額少28％。

想要避開高額的費用成本，請仔細閱讀圖表5-1，一檔起始金額2萬5千美元的投資標的，年報酬率為10％，經過30年後，越來越高的年度操作費用會造成什麼影響。

如果這些錢沒有被費用吃掉，應該會留在帳戶裡賺取投資報酬。我們可以估算機會成本，方法是以相同的報酬率，隨著時間計算這些費用的未來價值，因為費用是逐步累積而成，會造成時間上的宕延。

我們將這個觀點加入投資組合裡，會看見驚人的結果。

圖表5-1　越來越高的費用，對投資的影響

起始金額	年報酬率（％）	持有時間（年）	扣除費用前的最終餘額（美元）	年費用比率（％）	扣除費用與機會成本後的最終餘額（美元）	被吃掉的費用總額（美元）	機會成本（美元）	最終減少的價值百分比（％）
25,000	10	30	436,235	0.10	423,336	4,430	8,469	3.0
25,000	10	30	436,235	0.20	410,806	8,679	16,750	5.8

起始金額	年報酬率（％）	持有時間（年）	扣除費用前的最終餘額（美元）	年費用比率（％）	扣除費用與機會成本後的最終餘額（美元）	被吃掉的費用總額（美元）	機會成本（美元）	最終減少的價值百分比（％）
25,000	10	30	436,235	0.50	375,329	20,390	40,516	14.0
25,000	10	30	436,235	1.00	322,683	36,792	76,760	26.0
25,000	10	30	436,235	1.50	277,209	49,838	109,188	36.5

　　圖表5-1顯示，看似無害的1.5％年費用比率，在以2萬5千美元，投資成長率10％的投資標的，經過30年，費用會增加到49,838美元。如果將這筆錢留在帳戶裡投資，30年後會增加109,188美元。

　　支付的費用加上錯失的機會成本，總額為159,026美元，已經從因費用而減少成長的餘額43,6235美元當中扣除。費用與機會成本，讓該筆投資的潛在價值少了36.5％。

低成本的基金，可以打敗高成本的對手

　　晨星共同基金研究總監羅素・基諾（Russel Kinnel）在2010年主持一項研究，檢驗該公司的評等方法與基金費用比的預測力。基諾在報告的開頭詢問：「你注意過按比率支付費用的頻率嗎？答案是每一次。」

　　你知道零效度基金經理人的績效輸給指數，也知道他們主動式管理索取的費用高於指數型基金，因此低費用比有兩個好處，一是直接提升你的盈虧結算線（bottom line），二是避開零效度基金經理人的有害干預，因為管理費越低，他們越沒興趣參與。

　　你要考慮這一點，知道需要找出成本最低的基金。在每種資產類別與每個時期，低成本的基金都打敗高成本的對手，費用越高越有可能績效不好，顛覆了「一分錢一分貨」的概念。在共同基金的競技場裡，你支付越多就虧損越多。

　　在2005年的美國股票基金當中，成本最低的五分之一基金有48％存活且績效勝出，而成本最貴的五分之一基金則只有24％存活且績效勝出。

　　基諾在結論中直接建議：「**投資人在選擇基金時，應該以費用比率為主要檢驗標準**。從鎖定成本最低或是次低的五分之一基金開始，你將走在成功的道路上。」

　　接下來，我將逐一找出最便宜的小型股指數型基金與債券指數型基金，請你也照著做，因為降低費用比率，能減少投資標的獲利的流失。另外，鎖定低成本的指數型基金，也能減少零效度投資經理人及其50％誤判率的有害影響。

　　降低費用成本只有好處沒有壞處，建議你選擇最低成本的基金，來操作3％訊號術。

5-3

選對投資帳戶，你可以大幅減輕稅務負擔

在任何理財書中談到稅務，很少會受到歡迎，但在大多數人的生活中，稅是逃不掉的。而且，與3％訊號術相關的稅務考量並不複雜，所以你可以很快處理。

3％訊號術每年只操作4次，時間點在每季的季末，因此在非退休帳戶會發生一些稅務。3％訊號術每次賣出股票基金都會有獲利，因為只有當投資的基金在該季高出3％訊號線，才會進行交易。

持有核心標普小型股ETF不到一年就獲利了結，需要繳短期資本利得稅，與一般的所得稅率相同。長期資本利得則享有特別優惠，以鼓勵非投機性的財富累積。

如果你的所得稅率落在10％或15％，長期資本利得免稅，但如果所得稅率落在25％或更高，則需要繳納15％的稅。大部分投資人都屬於後者。不過，若是短期資本利得則要繳25％，甚至更多。

也就是說，**如果你在非退休帳戶裡操作3％訊號術，必**

須在賣出的季度付出較高的短期資本利得稅，而退休帳戶則是免稅或是可以遞延稅務。

就傳統的個人退休帳戶（IRA，投資自負盈虧，但具稅務優勢）而言，你愛買就買、愛賣就賣，在從帳戶提款之前，不必在意要繳交什麼稅。然後，等你開始提款，需要按照標準稅率繳交所得稅。由於收入下降，這個稅率在退休後通常會變低。

在羅斯個人退休帳戶（Roth IRA）裡，因為你提撥的是稅後收入，所以提撥金額的獲利在你59歲半之前，以及帳戶設立至少5年後，只要沒有提領出來就都免稅。

傳統的個人退休帳戶是稅務遞延，而羅斯個人退休帳戶則是免稅。也就是說，你能在這兩種退休帳戶裡實施3％訊號術，不必擔心每季的交易會產生資本利得稅。

要注意獲利了結時，已經持有多久時間

如果不是使用退休帳戶，就要考慮短期資本利得稅的問題，在獲利了結時，持有時間少於1年，必須繳納一般的所得稅率。

即便如此，不用退休帳戶來操作3％訊號術，基本上也沒什麼問題。只要持續追蹤分批買進核心標普小型股ETF的時間，並在3％訊號術發出賣出訊號時，賣出持有超過1年以上的單位即可。

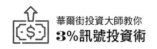

幾乎所有的證券公司都提供這種服務,但由於很少交易,自己追蹤也很簡單,像是建立如同圖表5-2的紀錄。

圖表5-2 ▶ 3%訊號術的交易紀錄

季度	操作	價格(美元)
去年第1季	買12個單位	93.71
去年第2季	買17個單位	95.24
去年第3季	買65個單位	93.32
去年第4季	賣73個單位	101.71
今年第1季	買65個單位	99.65
今年第2季	買20個單位	101.09
今年第3季	賣9個單位	104.80
今年第4季	買17個單位	106,62

如果你去年第4季賣出73個單位,都是在去年前3季或前年第4季買進的,就必須支付短期資本利得稅。但如果賣出的單位是在前年第4季之前買進,只需要支付15%的長期資本利得稅。相同的道理,在今年第三季賣出的單位,必須是去年第三季之前買進的,才能避掉短期資本利得稅。

你去年第2季買進17個單位,比你今年第4季需要賣出的9單位還多。只要已實施3%訊號術一段時間,就會有很多以前買進的核心標普小型股ETF SPDR可以挑選,避稅會變得

更容易。

　　另外，你只有在高於3％的季度會賣出獲利，這也會限制你賣出的頻率與交易金額，因此不會課太多稅。儘管如此，最好是在有稅務優勢的帳戶，實施3％訊號術。

5-4

實行3％訊號術的絕佳所在，是個人退休帳戶

我們需要澄清一個錯誤的想法。

其實，個人退休帳戶一點也不特別或高明，有5千萬美國民眾擁有這個帳戶。但是，它有時候被視為次等的退休方案：如果你找不到鍍金的雇主或是政府方案，只好把錢放在這個帳戶裡。我在此糾正這個錯誤，並讓你知道退休帳戶是實施3％訊號術最完美的地方。

當我討論在退休帳戶實施3％訊號術，沒有雇主退休方案〔例如401（k）〕的人有時會很沮喪。有個朋友對我說：「我沒有真正的退休帳戶，只有個人退休帳戶。」

這讓我覺得很納悶，因為只要看字面上的意思，就知道個人退休帳戶便是退休帳戶。但是，我朋友的意思似乎是個人退休帳戶不是真正退休帳戶，因為沒有「公司配比」（company matching），也就是員工將部分薪資轉進帳戶時，雇主也提撥相對比例的金額入帳。

在某些企業裡，雇主方案的公司配比非常優渥，**但即使**

沒有公司配比，個人退休帳戶與其他非雇用退休帳戶依然有稅務優勢。所以，是不是退休帳戶要看怎麼課稅，而不是看有沒有公司配比。

　　另外，有一些由雇主設立的個人退休帳戶是有配比的。在這種情況下，個人退休帳戶提供的優勢比大公司的退休方案更好，因為既有公司配比的好處，而且帳戶內能購買的證券更優質。

　　即使你的個人退休帳戶沒有公司配比，也提供廣泛的選擇範圍，每家大型券商都能為你開設個人退休帳戶，在裡面幾乎能交易市場上所有的證券。在部分的401（k）帳戶，員工只能挑選同一家公司的幾檔基金。

　　所以，若你只有個人退休帳戶，也不要沮喪，這沒什麼不好，反而是你實施3％訊號術的絕佳所在，包括：

● 銀行或券商開設的傳統個人退休帳戶或羅斯個人退休帳戶，幾乎什麼都能交易。通常你都能自己操作，而且不牽涉到公司或第三方；

● 簡化的員工養老金個人退休帳戶（SEP-IRA），是由雇主為員工所建立的個人退休帳戶（個人退休帳戶都會牽扯到雇主：雇主可提撥的上限是員工薪資的25％）。

● 員工儲蓄激勵配比方案的個人退休帳戶（SIMPLE IRA），也是由雇主為員工設立，而且裡面包含了公

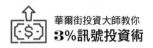
司配比。

別因為只有個人退休帳戶而覺得不自在，即使是跟雇主無關的傳統個人退休帳戶也一樣，將它用來操作3％訊號術，不會產生繳稅的問題，而且可以從整個市場中，挑選成本最低的基金。3％訊號術只需要兩檔基金就能運作，如果剛好找到一檔更便宜基金，更是好事一樁。

5-5

開設證券帳戶，
活用各種交易工具超方便

　　證券經紀產業由來已久，因此在開設帳戶上可以提供許多選擇，例如：一般證券帳戶、傳統個人退休帳戶、羅斯個人退休帳戶，或是之後會介紹的401（k）等公司退休帳戶。以下的證券經紀公司，都提供一般證券帳戶與退休帳戶：

E交易（E*Trade）：etrade.com

富達投資（Fidelity）：fidelity.com

第一交易（Firstrade）：firstrade.com

嘉信理財（Schwab）：schwab.com

史考特證券（Scottrade）：scottrade.com

股份建立者（ShareBuilder）：sharebuilder.com

亞美利交易（TD Ameritrade）：tdameritrade.com

交易王（TradeKing）：tradeking.com

先鋒集團（Vanguard）：vanguard.com

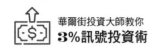
　　無論在哪一家開戶都很簡單，還可以把之前的公司退休帳戶轉成傳統個人退休帳戶，提供了許多優勢，例如：不再受制於有限的基金選項；把資金用於首次購屋或支付教育費時不會罰款。

　　不過，最大的好處是能廣泛地選擇投資標的，例如核心標普小型股ETF與其他的ETF，以及許多共同基金、股票、債券、信用違約交換（CDs）等等。

　　近年來，證券交易抽佣的價碼已經下降。券商不再收取帳戶費用，線上交易成本不論在哪家都低於10美元。券商對於許多ETF（包括核心標普小型股ETF），都不收取佣金，因此你可以開一個證券帳戶，每季買賣核心標普小型股ETF，不用付佣金，不過券商通常會限定購買ETF後，必須持有至少30天。就3%訊號投資術而言，每季才操作一次，這樣的限定自然不是問題。

　　至於收取費用的ETF，在嘉信理財，小型股核心ETF（SCHA）只收取0.08％費用比率。在先鋒，先鋒小型股ETF（VB）收取0.10％。在其他券商，核心標普小型股ETF收取0.16％。

把現金存入帳戶

　　現金是一切的根本，除非你已經有個戶頭可以轉帳，否則需要為證券帳戶提供資金。我們基本上都以一萬美元為起

始金額，但其實任何數字都可以。

　　想要把現金轉入證券帳戶，只要登入後找到「帳戶」區域，再找到「提出與存入」或「轉帳」功能，就可以把銀行帳戶設定為證券戶約定轉帳戶，開始一次性的轉帳或是定期轉帳。

如何進行買賣？

　　用證券帳戶買賣投資標的都很簡單，當你準備好要啟動3％訊號術，在你的證券網址上找到「交易功能」中「股票/ETFs」，就可以具體指定想要買進的代碼、數量與下單的類型。

　　舉例來說，你的帳戶剛開始時有1萬美元，其中2千美元給債券基金，8千美元給核心標普小型股ETF。核心標普小型股ETF最近一次的收盤價為96.26美元，代表你要買83.11個單位。建議你取近似值設定限價單，在96美元價位買進83單位的核心標普小型股ETF。如果買足額，將用掉7,968美元現金。

市價單與限價單各有功能

　　市價單是「指示券商，以目前的市價買進證券」，因此無論交易什麼證券，都是在最好的價格進行交易。

　　由於現在通訊速度快，如果市價單的價格不完全等於下

單時的市價，也相當接近。假設下單買進核心標普小型股
ETF，按下市價單買83個單位，而隔天開盤價格是96.09美
元，可能就剛好買在這個價位，或是相當接近，例如96.05
或96.15美元。

在說明限價單之前，我想強調3％訊號術符合市價單的
簡易性。你能用限價單嘗試以更好的價位買進，但基於3％
訊號術每季的步調與長時間範圍，為了便宜個幾美分，往往
不值得這麼費力。此外，如果限價單撮合成功，獲得的蠅頭
小利也會被另一季更強勁的市價單抹滅。

儘管如此，限價單仍是有效的買賣手段，所以就讓我們
來看看如何在3％訊號術中運用吧。

**限價單是指，你要你的券商「以你具體指定，或更好的
價格來買賣證券」**。這意味著當你指定賣在10美元，券商不
是賣在剛好，就是高於10美元。如果指定買在20美元，券商
將買在剛好或低於20美元。

以核心標普小型股ETF為例，當你用限價單指定券商買
在剛好或低於96美元時，基本上有兩種型式，一種是日效單
（day order），另一種則是長效單（good-till-cancelled,
GTC）。前者意指無論限價條件有沒有滿足，在該交易日結
束時都會終止。

後者則會繼續撮合，直到條件滿足，但很可能永遠都無
法成交，或是在失效期限時終止。不同券商對長效單設有不
同的失效時間，最長的是6個月，例如富達是6個月，亞美利

交易是四個月。

在每季尾聲，你會檢視投資餘額和核心標普小型股ETF收盤價，比較一下你是比3％成長目標高或低，以及該買進或賣出多少單位。

假設你下了限價單，以96美元買進83個單位，你的股票餘額將會是7,968美元，而該季的3％成長目標，就是7,968美元乘以1.03，得到8,207美元。你也能輕鬆計算出你的核心標普小型股ETF在該季的目標：96美元乘以1.03，得到98.88美元。

假設核心標普小型股ETF的交易價格低於98.88美元，你的餘額就會低於8,207美元，因此會買更多。如果價格剛好是98.88美元，餘額是8,207美元，則會維持原狀。如果價格超過98.88，餘額也在8,207美元以上，就要賣掉一部分。

如果本季沒有達標，價格為97.74美元，導致你83個單位的核心標普小型股ETF價值，只有8,112美元，距離目標還差95美元。雖然只需要購買0.97個單位，但實務上，將以市價單買進完整一個單位。若是你在隔天的97.75美元買到，便持有84個單位，價值8,211美元，相當接近目標值8,207美元。

至於下一季的目標，則是8,211美元乘以1.03，也就是8,457美元。

假設行情大好，出現了零效度意見的各種溢美之詞、技術性突破的討論，加上樂觀的走勢圖與調升目標價格。但該

季收盤時,你一如既往不理會這些雜音,只看數字。

核心標普小型股ETF收盤價是109.48美元,讓你的84個單位現在價值9,196美元,遠遠超過目標。於是,你賣出本季超出的獲利共739美元,相當於6.8個單位,請四捨五入為7個單位。

一季一度的流程進行到這裡,我能想像你會思考:「看到核心標普小型股ETF價格站上109美元,感覺當然很好,而且漲勢強勁。我是不是該跳過這一季的賣出訊號?」你或許會期待我會強調堅守3%訊號術的重要性,要抑制干預的衝動。但是放心吧,3%訊號術有個優點,就是在發出訊號時,承認你有情緒。

看著股市上漲,誰都想讓獲利再爬高一點。有個方法可以執行3%訊號術,同時也滿足你的欲望。

追蹤型停止單幫你鎖住更多利潤

就像你可以用市價單或限價單來買進,你也可以用這2種下單方式賣出。以市價單賣出核心標普小型股ETF,是賣在交易日當天的價格與期間。假如你在好幾個小時後才下單,可能隔天開盤才能成交,價位通常很接近前一個交易日的收盤價。

填好市價單賣出7個單位,若在109.50的價位賣出,你最新的持有數量是77個單位,同時你的現金會增加767美元(賣出的7個單位乘以109.50美元)。你會把這筆現金轉進

債券部位。於是核心標普小型股ETF餘額變成8,432美元，而下一季的目標則乘以1.03，就是8,685美元。

不過，若股市正在狂飆，你認為還再會漲很多時，該怎麼辦呢？

舉例來說，如果你在109.50美元賣掉核心標普小型股ETF，卻在兩週後發現漲到114.50美元。如果等一等，那7個單位本來可以多賣35美元。而且實施3％訊號術，不用很久就會從每季搬動7個單位，變成70、甚至700個單位。這時候，錯失的35美元獲利將變成350或3,500美元。

要避免對這種賣得太低產生的失望，又要能堅守3％訊號術，可以運用追蹤型停止單（trailing stop order）。

追蹤型停止單的特點，就是讓你在股票持續上漲時能繼續持有。一方面追蹤價格上升，但價格開始回跌，還能鎖在一定的價格。你可以在指定一個價格區間，一旦達到停止單就會生效。就像其他所有的停止單，能以市價立即賣出，也能限價賣出。

當你設定好價位區間，都是以多少美元或多少百分比來呈現。當區間金額越大或百分比越高，觸發下單的機率就越低，但也代表賣出前你願意接受的虧損越高。一個典型的追蹤型停止單，設定的區間可能是10％。

在這種情況下，當你知道3％訊號術要你賣掉7個單位的核心標普小型股ETF，而且技術上應該以市價出售才對，但是你看市場上升力道這麼強，想要盡可能從中獲利。如果沒

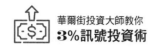

有以市價單賣出，你可以設定追蹤型停止單來賣這7個單位。若你設定的停止追蹤區間是10%，你承擔的風險是該季價格下跌10%，從季收盤價109.48跌到98.53美元。

這當然不是好事，而且3%訊號術每一季都追求僅3%的獲利成長，所以你需要運用更緊迫盯人的停止單，例如1%或2%。

如果你看見這一季績效大幅超前，為了尋求更高的賣價，能承擔2%的虧損。在下了追蹤型停止單後，最大的風險是核心標普小型股ETF馬上就跌了2%，從109.48跌到107.29美元，導致賣出7個單位後得到751美元，而非以市價單用109.50美元賣出的767美元。

最理想的情況是，因為你相信會上漲，所以才下了追蹤型停止單而非市價單，每次上漲都將追蹤型停止單的停損價格往上推升，進而鎖住更多利潤。

我們正向思考，並假設這種情況是發生在該季。在你下了2%的追蹤型停止單之後，核心標普小型股ETF從季收盤價漲得更高，以及新的停損價格（見圖表5-3）。

這一季值得觀察，因為核心標普小型股ETF上漲19%，從109.48美元來到130美元，而且不是空穴來風。核心標普小型股ETF在2003年第2季上漲20%，第4季上漲4%。到了2009年第2與第三季，次貸崩盤開始反彈，分別上漲22%與18%。2010年第4季上漲16%，2011年第4季上漲17%。

現實中，確實有些季度會大漲，有時候還接連發生。如

圖表5-3 ▶ 核心標普小型股ETF上漲的價格與追蹤型停止
單2%的停損價格

核心標普小型股ETF的價位（美元）	追蹤型停止單2%的停損價格（美元）
111	108.78
113	110.74
115	112.70
120	117.60
130	127.40

果你覺得股市正要熱，可能會想冒一點險，以追蹤型停止單
賭是否漲得更高。當然，你有50%可能是錯的。

圖表5-3顯示，每當核心標普小型股ETF價格變得更
高，就會把追蹤型停止單的停損價格往上推升，一直都在你
指定的區間上，在此設定為2%。如果核心標普小型股ETF
開始回跌，跌到你上次所定的價格，就賣在那個價位。這經
常發生，甚至跌了之後股價回漲得更高。

在表中的歷史股價，核心標普小型股ETF在跌到112.70
美元後，又漲到115美元。你的賣單已經成交，然後錯失了
漲到更燦爛的120、甚至130美元。

股市裡經常出現這種情況，追蹤型停止單可能有用，但
它不是魔法。市場最擅長朝你最不希望的方向走得老遠，遠

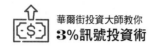
到足以觸發你不希望觸發的交易單（若趨勢是短期的），然後馬上反轉到引發你最大挫折的程度。

　　若是你的追蹤型停止單在112.70美元觸發，而核心標普小型股ETF正在跌回102美元的路上，你不會太過沮喪，但如果它在112.70美元觸發，而核心標普小型股ETF卻反彈到112.68美元，你會覺得相當倒楣。不幸的是，最常發生的往往是後者。

　　例如，回到神奇的2009年第2季，當時核心標普小型股ETF整體成長22％，4月7日下跌3.7％。這天就會觸發一張低於4％的追蹤型停止單，因為核心標普小型股ETF從最近一次收盤價以來，到4月7日的低點時下跌4％，如果你運用3％訊號術，差不多跌3％你的追蹤型停止單也已經生效。壞的是，核心標普小型股ETF在接下來兩天飆漲了8％。

　　在這種情況下，3％訊號術會讓你免去這種停止單發出去後，跌一天忽然又兩天突破性大漲的痛苦，因為在第1季季末時，早已發出大買訊號，而非賣出訊號。

　　利用追蹤型停止單賣出，會引起最大挫折的季度，可能落在2009年第3季，就接在第2季大漲22％之後。如果你強烈地感受到股市即將走向多頭，你可能會為核心標普小型股ETF設置一張2％的追蹤型停止單，以回應3％訊號術的大賣訊號。該季第1天（7月1日），核心標普小型股ETF攀升到45.50美元，而你的2％追蹤型停止單鎖定觸發的價位是44.59美元。

　　猜猜核心標普小型股ETF隔天開盤發生什麼事。剛好是44.59美元，觸發你的停止單賣出。三週後，它的交易價格站上48美元，在該季最終收盤價是52.34美元，成長了17.8％。真是讓人揪心肝！

　　這是停損單令人惱火之處。如果設定的價格區間太窄或太緊，動不動就會觸動停止，並賣出可能會再上漲的部位。但若是設的價格區間太寬鬆，在避免進一步虧損之前，你可能已經賠了不少。在3％訊號術中，追蹤型停止單能滿足你情緒上的需求，從強勁的漲勢中盡可能確保獲利。

　　追蹤型停止單至少可以讓你覺得能掌控投資標的，堅守3％訊號術，我們在零效度意見的環境中，需要這種安心感：最糟的情況不過是吐回前一季一部分的獲利，可說是只付給市場一點學費。3％訊號術限定你在每季度所能賣出的單位，幫你避免犯下太大的錯誤。

　　在這例子裡，你賣掉核心標普小型股ETF7個單位，而非84個。不管賣在什麼價位，都還有77個單位，能繼續從ETF的上漲中獲利。

　　如果你決定運用追蹤型停止單，務必調整賣出的單位數，讓你即便遇到最壞的情形，也不偏離3％訊號術的正軌。在這裡加大金額比較好說明，假設不是84個單位賣掉7個單位，而是8,400個單位賣掉675個單位。也就是說，你該季的目標是845,733美元。當核心標普小型股ETF漲到109.48美元，訊號顯示你該賣掉675個單位。

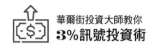
如果市價單在109.50美元賣出，你便持有7,725個單位，價值845,889美元，這已經相當接近845,733美元的目標。

不過，你決定試試手氣，為這675個單位設定2%的追蹤型停止單。該季收盤價為109.48美元，停止單的觸發價則是107.29美元。如果發生最壞的情況，那麼會在107.29美元賣掉675個單位，而剩下的7,725個單位，價值只剩828,815美元，比845,733美元的目標短少16,918美元！

要避免這個問題，就要調整最差價位的單位數。在107.29美元的價位，8,400個單位價值901,236美元，比目標多出55,503美元。除以107.29美元，則你需賣出517個單位。你應該用這個數量來設定2%的追蹤型停止單，而不是用675個單位來設。

如此一來，即使發生最壞的情況，你有517個單位賣在107.29美元，也還有7,883個單位，價值845,767美元，幾乎近似845,733美元的目標。

假如往好的方向方展呢？同樣地，如果核心標普小型股ETF沒有被2%的回跌影響，直接漲到120美元，但接著下跌2%，來到117.60美元。你在117.60美元的價位賣掉517個單位，讓債券部位增加了60,799美元。核心標普小型股ETF還有7,883個單位，價值927,014美元，這比該季的目標還多了81,308美元，這是非常不錯的結果。

請先暫停一下，想像自己是一個投資大師，在賣掉517個單位之前，期待有更多獲利，而且又不讓3％訊號術打折

扣。基本上，價格上漲只是走運，但用這種方式來設定下單，即便碰到壞運也不至於受害，真是太高竿了。

那若是該買進的時候呢？值得等待更好的價位嗎？答案是肯定的。如果該季收盤價低於目標，則應買進一定數量的核心標普小型股ETF，或許你會想下一張低於市價的限價單，因為你覺得還會繼續下跌。

只要你設的限價沒有比季收盤價低太多，通常都有效。即使整體趨勢往上走，造成這麼多緊縮追蹤型停止單的一股力量，也能助長你在相同情況下，減少買進的現價單。

例如，假設核心標普小型股ETF的收盤價季收盤價為98.45美元，而你應該要買320個單位，你可能會把限價單設在97美元。和賣單一樣，你可以根據最壞的情況調整買單價格，而非以市價購買。如果你應該在98.45買進320個單位，則設定在97美元買進325個單位。

這時候，可能的風險是核心標普小型股ETF在起漲之前，始終沒有跌到97美元。當ETF開始增值，你應讓現金投入有效運用，而不是閒置。這就是為什麼限價的價格要緊縮會比較好，間距設在2％以下，成交機率就很高。例如當核心標普小型股ETF價格為98.45美元時，限價98美元就很容易成交。因為只比最近的收盤價低了0.5％，要調整的單位數也不多：從320個單位改成買321個單位。

如果你現在暈頭轉向，覺得有點複雜，寧可不要調整每季買賣的價格與單位數，以市價單交易就好，讓3％訊號術

自己偵測要買賣多少。

　　的確，人們剛開始實施3％訊號術時，會認為運用追蹤型停止單來賣出，用寬鬆的現價單來買進，能獲得更高的績效。然而，等到經歷夠多次最壞的情況後，終於開始納悶為什麼要花時間、精力做這件事，只要以市價單賣出，以緊縮的現價單來買進即可。

　　由於3％訊號術建立了安全網，所以經得起你一再實驗。不管是限價單或是將停止單設定多大的間距，都去試試看吧。無論是放棄了一整季的獲利還是在需要買進時完全錯過了買價，最糟的結果不過是判斷錯誤，只有一小部分受到影響而已。

5-6

雇主提供資金方案，員工可以投資合適標的

　　許多雇主會提供或是自主規畫退休方案，這有時被稱為「確定提撥制」（defined contribution plans），因為由你決定要為退休方案提撥薪資多少百分比，然後雇主會自動從你的薪資扣款存入退休帳戶。有些雇主提供配比資金，通常是員工提撥金額的一部分，例如50％，這是免費的。不管追求什麼樣的投資策略，員工都應設法讓配比金額達到上限。

　　最常見的雇主退休方案，企業員工是401（k），大部分非營利團體與部分公共教育體系則是403（b），部分非營利團體與政府員工是457S，聯邦政府員工則是節約儲蓄計畫（TSP）。

　　401（k）方案有超過5千5百萬美國勞工參與，所以名氣最大。除了使用的族群不同之外，其實所有方案都很類似，無論採用哪個來說明如何實施3％訊號術，都差不多。

　　金融業監管局（FINRA）在官網上的「401（k）聰明投資」區，說明了大部分能投資的標的。退休方案所提供的投

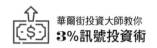

資標的，少則三種，多的超過百種，平均來說，一個帳戶能攜帶的選項，介於8到12個之間。投資標的通常只有共同基金，但有些方案就像證券帳戶，盡量讓你可以交易所有的股票、債券、基金、年金險（annuities）等。

許多雇主提撥的配比款項，員工可以投資他們認為適合的標的。若配比款項是由雇主選擇如何投資，則通常鎖定自家公司的股票。

其實當選擇越多，越難根據目標與風險，建置正確的投資組合，你只能靠自己。

這等於讓大家自生自滅。個人退休帳戶把市場裡所有的選擇，放到你面前。從事非金融相關行業的人，可能對股票不感興趣，卻被期待要在眾多標的中選擇如何投資，一路保護他們的存款，經歷股海風浪直到退休。

難怪許多人承擔了太多風險，在股市大跌中（如2009年次貸崩盤）受苦受難。有的人則承擔太少風險，導致他們工作一輩子，帳戶餘額卻是寥寥無幾。

傳統的退休金制度全由雇主提撥，由公司進行投資決策、承擔所有風險，並包辦所有事務工作。時至今日，卻變成不管怎麼樣，都是由你自己提供大部分的資金，並且得自主管理這筆錢。正是這一點，激發了我寫這本書的想法。

這些被迫面對股海投資的人，需要的是無論在哪裡都行得通，即使素人也能操作的簡單方案。當到處都有小道消息，零效度意見橫行，事後諸葛竊竊私語，資產價格變得越

來越容易受到操縱，對沒有準備好的人來說，這些都是致命的。不幸的是，大多數雇主退休方案的參與者，都沒有做好準備。

3％訊號術就是要協助這些投資人，無論你面對的是少得可憐的投資選項，還是全面開放的所有標的，3％訊號術都行得通。你只需要一檔債券基金、一檔股票基金，後者最好是小型企業股，但一般的股票指數型基金也沒問題。

個人與雇主退休方案的投資人共同難題是，最好的存錢方式是過濾廣泛的投資選項，找出成本最低的標的。但範圍太廣不知該如何選擇，導致有太多的人，進行過度的多角化投資、毫無績效地虛度了好幾年，不然就是在僅有的清單裡，無奈選擇高成本的投資標的。

其實，只要能有效利用帳戶裡能取得、成本最低的債券基金與股票基金，就不必管其他的選項。

接下來，透過一些真實的方案，幫助你理解不管是誰，都能在雇主退休帳戶中輕鬆運用3％訊號術。你也可以運用這些方法，永遠把壓力拋諸腦後。

一般民間企業

在進入401（k）之前，讓我先告訴你，我向企業詢問其規畫詳情時所遇到的麻煩，以及為何他們不願意揭露詳情。其實，這會讓你對金融界更有見識，也會讓你更精明地運用

便宜的指數型基金與3％訊號術，江湖術士再也沒有機會騙走你一大筆錢。

防衛 401（k）的詳情

　　有個朋友很氣餒，告訴我他的401（k）毫不管用，想要嘗試新的投資方法。我建議嘗試3％訊號術，但朋友說401（k）方案裡沒有核心標普小型股ETF，他以為無法使用3％訊號術。

　　「當然可以。」我說：「給我看看你401（k）的小冊子，我會告訴你哪一檔基金最適合做為投資標的。」

　　隔週，朋友送來他的401（k）資料。我找到成本最低的債券基金，以及核心標普小型股ETF的替代品，總共只花了兩分鐘。當我圈出選項時，朋友臉上發光，彷彿有個金元寶從天而降。

　　「就這樣嗎？」他問：「就這兩個？」

　　我確認：「就這兩個。」

　　這位朋友看起來像是如釋重負。這逐漸枯萎的退休帳戶曾經帶給他極大壓力，他在市場走跌時遭受打擊，而市場反轉時卻沒搭上車。他嘗試公司小冊子建議的一般配置，但其績效乏善可陳。在閱讀一些投資報導後，他試著鎖定當紅基金，結果剛好買在崩盤之前。

　　這位朋友成為事後諸葛的犧牲品者，零效度意見在他的401（k）裡冤魂不散。他不想要再這樣下去，於是找我提供

建議。如今他的平靜令我微笑。

之後，我想要仔細檢視大量401（k）和其他方案的資料，證明並分享實施3％訊號術有多　簡單。我想剛好可以從這位朋友的公司開始，於是問他能否再弄到一份資料。他問：「要在書裡寫我們的退休方案？」我說對。他遲疑一下，說：「這要跟人資部門確認，他們很在意這種事。」

我再問另一個朋友，他同意提供公司資料的副本，但附帶這則警告：「我們的高階管理團隊非常厭惡風險。」他說這個團隊不會希望公開公司福利配套的詳情。這種情況我一而再、再而三地遇見。

📝 401（k）方案代價不菲

一家名為狄莫士（Demos）的公共政策組織，在2012年5月發表〈退休儲蓄的流失：401（k）隱藏與過分的成本〉（The Retirement Savings Drain: The Hidden & Excessive Costs of 401(k)s）報告。

分析師羅伯・希爾頓史密斯（Robert Hiltonsmith）以提問破題：「你知道你為退休帳戶付了多少錢嗎？如果你像許多美國人一樣，為了退休把錢存在401（k）裡，答案是不知道。一份美國退休人員協會的調查發現，持有401（k）的人當中，65％連他們有支付費用都不知道，而且有

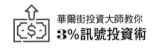

83％對於許多費用缺乏基本知識。」

　　另外，還有以下重要發現：

● 雙薪家庭中，每位伴侶在勞動期間各自賺取其性別的薪資中位數，則支付給401（k）的費用與損失的報酬，平均為154,794美元。

● 隨著時間過去，扣除費用之前，傳統共同基金賺取7％報酬率，這跟股市的平均報酬率相符。然而，費用吃掉超過三分之一的總報酬，讓績效減少到只剩4.5％。

● 參與人數低於百人的401（k）方案，費用比率中位數是1.29％，參與人數高於萬人者，則為0.43％。

　　從這份報告的發現來看，難怪希爾頓史密斯的結論是：「401（k）制度對勞工來說非常不划算」。

　　我換個方式直接聯絡某家公司，看看能否撰寫它們退休方案的內容。但不管問哪家，內部人員都表示：「不便公開任何細節。」它們當中有些是代表性的大企業，有的是稍有名氣的小公司，包括了網路科技龍頭、大型油田服務商、中型零售業者等等。

　　結果，沒有一家同意我使用公司名稱，甚至有人這樣回絕我：「如果你想知道方案，就設法在這裡找到一份工作。」

　　於是我回到起點，運用電子郵件名簿上與讀者聯繫，希望他們提供資料。結果一大堆冊子與報告蜂擁而至，並希望我在這一團混亂中，為他們指引正確的投資方向。

　　但是，幾乎所有的資料，都附帶禁止揭露公司名稱的警語。我想除了可口可樂的配方、谷歌的搜尋演算法，以及肯德基炸雞的14種香料配方之外，401（k）是美國企業守得最緊的機密。

　　這讓我覺得很不尋常。這些公司難道不想讓外界看看，他們提供給員工多好的退休方案嗎？於是整理並交叉比對了寄給我的許多方案，不願公開的理由豁然開朗。

　　這答案實在令人沮喪，為什麼一年年過去，勞工卻很難有所獲利，以及雇主們為何怕外界知道。**許多方案都很糟糕，在退休存款帳戶中只給予有限的選項，卻收取高額費用，而績效卻很低。**

　　對營運這些方案的投資公司來說，這是一門好生意，因為員工退休金也沒別的地方可去。雇主心知肚明，但不想讓外界知道，他們的退休方案對員工敲竹槓。對公司來說，401（k）的費用無關緊要，因為買單的是員工。

　　我的目的不是公開比較Ａ、Ｂ公司的方案，關鍵是整體的趨勢告訴你，該尋找什麼投資標的，開始進行你自己的

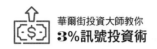
3%訊號術。儘管公司對退休方案的細節遮遮掩掩，但其實內容大同小異。接下來，我們看看這四家公司。

航空國防領域企業

　　第一家公司是飛機、衛星與導彈的製造商，員工超過17萬5千人，整個401（k）方案將近有140億美元資金。根據公開文件，參與者可以「隨時監督管理其帳戶的投資標的」，也就是能登入網頁，改變資金配置或交易機構。

　　這家公司的401（k）方案提供14種常見的基金，有債券、股票、房地產以及自家公司的股票基金，加上9種所謂的年齡基準或目標日期基金。後者能減少部分為退休而投資的壓力，因此頗受歡迎，其方法是由基金經理人根據投資人的年齡或距離退休的時間進行資產配置。

　　大部分人在20幾歲時，距離退休還有約40年，而50幾歲時距離退休約只剩10年。當勞工年輕時，年齡基準基金（age-based funds）的資產配置，有很大比重是放在股票上，隨著年齡增長逐漸降低股票占比。

　　許多人會具體指定退休的目標年度，例如2040年，因此被稱為「目標日期基金」（target date funds）。如果你大約在2040年退休，可以把錢放在一檔目標日期為2040年的基金，其資產組合會隨著目標年度的接近，進行適當的調整。該公司提供9檔這類基金，目標日期從近期到2050年都有。

　　該公司的401（k）方案中，有一檔羅素2000小型股指數

型基金，建議用這檔基金來做為3％訊號術的股票部位，而且費用比率非常便宜只有0.07％，遠比由零效度意見管理的基金還要讚，非主動式管理的指數型基金又便宜，績效又好，是3％訊號術的絕佳標的。

圖表5-4是從2012年底運用這檔基金，並且追蹤10年比較年報酬率及費用比率的結果。

圖表5-4 航空國防領域企業401（k）的基金比較

投資標的	1年（％）	5年（％）	10年（％）	費用（％）
科技基金	16.0	3.4	7.7	0.67
穩健價值基金	2.7	3.4	4.2	0.29
羅素2000小型股指數型基金	16.5	3.8	9.7	0.07
國際指數型基金	18.1	-3.3	8.4	0.13
標普500指數基金	16.0	1.7	7.1	0.05
平衡型指數基金	12.0	3.1	6.2	0.08
債券市場指數型基金	4.1	6.0	5.2	0.06

要注意的是，股票指數型基金打敗了高績效科技基金。不鎖定特定類股、普通、無人管理，到處都能買到的羅素2000小型股指數型基金，在每個時間框架，績效都打敗科技基金，而且費用比率只有十分之一。

毫無疑問，小型股指數型基金是你的好朋友。要為3％

訊號術找安全部位，債券市場指數型基金最是上策，費用比率也只有少少的0.06％。

至於年齡基準基金的費用不太合理，費用比率介於現時退休的0.33％到2050年退休的0.42％之間。大部分這類基金都會結合指數型產品，並為這項服務額外收費。

由於3％訊號術是直接利用便宜的指數型基金，並隨著每季的買賣訊號將績效向上推移，比年齡基準基金更好。並且在退休之前逐步降低你的股票配置，不僅步驟簡單，還不必多付錢。

整體來說，這家公司的員工應該覺得退休方案還不錯，因為其中包含低成本的指數型基金，非常適用於3％訊號術。

油田服務公司

這家企業員工超過10萬人，401（k）方案的資金超過45億美元。

和前一家公司一樣，他們在2013年6月引進目標日期基金，減輕參與者選擇基金的壓力。該公司2013年的退休雜誌指出，目標日期基金是「為那些偏好投資於一個投資標的的參與者，提供單一的退休資產組合，並由專家進行管理」，其中包括了成長、收益與通膨連動（inflation sensitive）三種項目。

除了目標日期基金之外，這個401（k）方案還提供一系

列的其他投資選項，包括該方案的穩健價值策略、大型股股東權益策略、通膨敏感策略，以及涵蓋最基礎的個別股票型基金：投資大型股的標普500指數、中型股、小型股與非美國股票。

　　但是，這個方案的小型股基金是主動式管理型，你已知道指數型的績效比零效度管理的基金好太多，而且也更便宜。

　　圖表5-5是2013年3月31日的資料，顯示一檔小型股指數型基金和本方案的小型股股東權益基金，在年化報酬率與費用比率上的比較。

圖表5-5　比較油田服務公司401（k）方案裡的基金

投資標的	1年（％）	3年（％）	5年（％）	10年（％）	費用（％）
小型股股東權益基金	13.1	11.6	9.2	10.5	0.87
羅素2000小型股指數型基金	16.3	13.5	8.2	11.5	≦0.16

　　指數型基金輕易就打敗主動式管理的小型股基金，在圖表5-5的4個時間點當中贏了三個。顯然這檔小型股股東權益基金，丟銅板猜輸太多次，更糟的是年費率要收你0.87％（比小型股ETF多了5倍），成本比聯邦政府的節約儲蓄計畫貴了32倍。

　　如果我是這家公司的員工，會要求增加一檔普通、已存

在多年的小型股指數型基金，像是核心標普小型股ETF或是更便宜的標的。這能讓參加者以低費用持有績效更好、最單純的指數型基金。同時，我會運用方案裡的中型股股票指數型基金來實施3％訊號術。

在圖表5-6，一樣是以2013年3月31日的數據，來看方案中的標普500大型股指數與中型股指數，以及其他選項，在年化報酬率與費用比率的比較：

圖表5-6 比較油田服務公司401（k）方案，績效勝出的指數型基金

投資標的	1年（％）	3年（％）	5年（％）	10年（％）	費用（％）
大型成長股基金	7.9	12.8	5.3	7.8	0.51
標普500大型股指數型基金	13.8	12.5	5.7	8.4	0.13
小型股股東權益基金	13.1	11.6	9.2	10.5	0.87
中型股股東權益指數型基金	17.7	14.9	9.7	NA	0.15

顯而易見，中型股股東權益指數型基金績效打敗了其他所有基金，包括主動管理的小型股股東權益基金，而且費率還只有0.15％，只比標普500指數型基金的0.13％高出一點點。

在這個401（k）方案中，最適合實施3％訊號術的是中型股股東權益指數型基金。員工可以在安全部位配置債券指

數型基金，費用比率僅0.15％。在2008年，債券基金成長
5.4％時，標普500指數下跌37％，而羅素2000則下跌34％。

運動用品零售商

　　這家公司在全美經營5百家運動用品門市，員工約1萬5
千人，401（k）方案約有7千5百萬美元，提供由富國銀行集
團（Wells Fargo）管理的年齡基準投資組合，其淨費率介於
0.60％與0.70％之間，我只能說太高了。

　　該方案還提供國內股票投資選擇，包括能用於3％訊號
術的小型股投資工具：費用比率0.28％的先鋒小型股指數型
基金。當然，也有零效度的選項，費用比率達1.48％，哄騙
不懂的人，為不及格的績效付出5倍以上的費用。圖表5-7是
在2013年7月底，追蹤這兩檔小型股選項整體報酬率與費用
比率：

圖表5-7　比較運動用品零售商401（k）方案裡的基金

投資標的	1年（％）	3年（％）	5年（％）	10年（％）	費用（％）
零效度小型股基金	26.6	15.1	5.5	11.0	1.48
先鋒小型股指數型基金	33.3	21.8	10.5	11.2	0.28

　　信不信，有些人可以用0.28％的費用比率，獲得更好的
獲利，卻花了1.48％的費用比率，忍受糟糕的零效度績效。

在所有方案中，盡量選擇價格低廉、績效優越的選項，有個經驗法則是，超過0.75％就避開。指數型基金，費用通常都低於0.30％，而且往往低更多。

儘管這個方案提供合理廉價的小型股指數型選項，但應該更便宜才對。我們從其他方案與一般證券市場知道，費用比率多低於0.20％，有些甚至只收0.10％。對於一家擁有1萬5千名員工的公司來說，沒道理不貨比三家，尋找更便宜的方案。

同時，該方案的參與者，應該選擇小型股指數型基金來實施3％訊號術。至於安全部位，則可以使用先鋒中期債券指數型基金，其年化報酬率過去三年，到2013年6月30日是6.6％，費用比率是0.22％。

營養補充品公司

這家營養補充品製造商員工有350人，並透過25萬個獨立分銷商的多層次網絡行銷產品。該公司在《商業週刊》與《富比士》雜誌的小型企業調查中，評價都很高，其401（k）方案所管理的資產低於1千萬美元。

但很可惜，這個方案只提供員工費用過高、績效平庸的項目。從平衡型基金（balanced funds）、年齡基準基金到股市基金，都被零效度意見全面掌控。當中，就連指數型基金的收費都太貴，高於0.40％。年齡基準基金則超過1.00％。圖表5-8是2013年7月底，該方案中的指數型基金和

零效度基金，比較整體報酬率和費用比率。

圖表5-8　比較運動用品零售商401（k）方案裡的基金

投資標的	1年 （％）	3年 （％）	5年 （％）	10年 （％）	費用 （％）
大型股股東權益收益基金	18.8	14.4	8.3	8.1	1.21
標普500指數大型股指數型基金	24.8	17.6	8.2	7.5	0.42
中型股價值基金	16.9	10.5	5.9	9.4	1.00
標普400指數中型股指數型基金	32.3	18.7	10.1	10.5	0.43
小型股混合型基金	23.1	15.1	7.8	10.2	1.16
羅素2000小型股指數型基金	34.2	19.9	10.4	10.4	0.44

美國每個401（k）投資人都應該把圖表5-9背起來。指數型基金在12個時間框架裡，有10個打敗其他基金。即便輸掉的那兩個（大型股的5年與10年報酬的時間框架），也只輸一點點，小到可以用費用比率的差額來抵消。

此外，裡面績效最好的基金，是3％訊號術愛用的那一個：羅素2000小型股指數型基金。除了10年報酬率輸給中型股指數型基金0.01％之外，每一個時間框架的報酬率都高於其他基金。這是以小型股指數型基金做為投資標的，極具說服力證據。

這個方案確實包含一檔能用於3％訊號術的小型股指數

型基金，但收費過高。員工應該聯繫管理階層，設法降低費用，畢竟指數型基金，基本上不用管理。

　　至於3％訊號術的安全部位，則沒有合適的選擇。貨幣市場基金沒什麼獲利，卻收取0.48％的費用。兩檔標準的債券型基金要收0.85％與0.89％，而通脹調整債券基金（inflation-adjusted bond fund）則收取0.73％。最好的選擇可能是0.85％的債券基金，因為績效最高、風險最低，但收費還是太貴。

　　總而言之，這家公司的員工避免不了收費過高的問題。401（k）方案裡所有的選項每年都吃掉太多獲利。儘管如此，小型股指數型基金還是3％訊號術最好的搭配選項。

退休方案的規模越小，費用就越高

　　前面四個案例時，有17萬5千名員工的航空與國防企業，也有350名員工的營養補充品企業，可以發現401（k）方案的品質參差不齊。越小的公司就有越高的風險，而且收費有過高的趨勢。圖表5-9是以上四家公司重要的基本統計數據。

　　其中，規模最大的公司提供非常便宜的小型股指數型基金，規模居次的公司提供的中型股基金，費用比率是最大公司小型股指數型基金的兩倍，但還是很低。規模第三的公司小型股指數型基金的收費幾乎再次翻倍，而規模最小的公司所提供的指數型基金收費這麼高，快跟某些零效度的選項一

圖表5-9　公司越大，提供費用越便宜的基金

公司	員工數 （人）	401(k)資產 （美元）	小型股指數型基金費用 （％）
航空與國防	175,000	140億	0.07
油田服務	100,000	45億	0.15 （中型股）
運動用品	15,000	7500萬	0.28
營養補充品	350	≦1000萬	0.44

樣糟。

　　許多案例裡，公司越小越缺乏資源，因此難以壓低費率。當航空公司面對401（k）方案管理公司，表示有17萬5千名員工以及140億美元資金，在費用上就能殺價。但當營養補充品公司努力找尋退休方案管理公司時，對方可能連理都不理。

　　面對這樣的環境，小公司無力討價還價，把0.44％的費用砍到0.10％以下。加上公司沒有誘因要為此努力，因為是員工買單，難怪許多退休方案的條件都不好。

　　用這四家公司當做代表，在統計學上不具意義，但確實與大型研究吻合。公共政策組織狄莫士，於2012年發表的報告指出，參與人數低於百人的401（k）方案，費用比率的中位數是1.29％，而參與人數高於萬人者，則為0.43％。

　　美國人力資源管理協會（SHRM）出版《401k平均數之書》（*401k Averages Book*）資料，內容包含一系列退休方案的詳細費用，從25人的小公司到數千人的大公司。比較了平均餘額1萬美元與5萬美元的方案費用。該書第13版以145張圖表展示重要數據，時間是到2012年9月底為止：

- 小方案的投資費用（由共同基金收取該方案資產的費用比率）平均是1.37％。
- 大方案的投資費用平均為1.00％。
- 小方案的目標日期基金平均費用是1.37％，平衡型基金則是1.45％。
- 大方案的目標日期基金平均費用是0.98％，平衡型基金則是1.12％。

　　一般來說，當方案資金規模越小，就需付出較高的費用。還好不論你的方案規模是大或小，3％訊號術都行得通。只要找出最便宜的零效度管理小型股基金，直到你能說服公司在401（k）方案中，增加低成本的指數型基金，債券基金也一樣。

　　為什麼3％訊號術鎖定最便宜的指數型基金？因為能幫你的退休金資產省下好大一筆錢。以上我們檢視的四個方案，最貴的小型股指數型基金費用比率是0.44％，最便宜的是0.07％，兩者都比《401k平均數之書》涵蓋的方案中，要

價1.00％與1.37％便宜多了。

公部門的退休方案，費用相對低廉

　　有些政府單位，例如軍隊，還維持著傳統的退休金制度，不必自己管理投資，只會根據服役時間、收入紀錄等，提供確定給付的金額。

　　不過，政府其他的退休方案就比較像401（k）方案，需要投資人參與，才能達到最佳績效。這些是實施3％訊號術的絕佳場域，因為費用超級低廉。公家機關每個人都有資格參與，包括軍事人員，都該善用才對。

　　當退休方案規模越大，成本就有越低的傾向。所以毫無意外，這當中規模最大的退休方案，就是聯邦政府的，他們提供了一些全然、最便宜的指數型基金。聯邦政府的退休方案稱作「節約儲蓄計畫」。

　　接下來，我們將檢視這個方案，以及俄亥俄州立大學（Ohio State University）的退休方案。

節約儲蓄計畫

　　節約儲蓄計畫與民間企業的401（k）方案類似，是一種確定提撥制，接受傳統的提撥方式，也就是說員工存款與收入可以推遲繳稅，直到提領時再繳。另外也接受羅斯的方式，先繳所得稅再轉進退休帳戶，然後提領時就不必再繳稅

了。在2012年底，節約儲蓄計畫的規模大約4千6百萬人，以及3千3百億美元的資金。

和許多民間企業的退休方案一樣，節約儲蓄計畫提供目標日期基金的投資組合，稱之為「L基金」，L代表生命週期。還提供五檔個別的投資基金，一樣用字母來命名：

C基金：標普500指數（Standard & Poor's 500 Stock Index）

F基金：巴克萊綜合公債指數（Barclays Capital U.S. Aggregate Bond Index）

G基金：短期美國國庫券指數（Short-Term U.S. Treasuries）

I基金：摩根士丹利資本國際指數（Morgan Stanley Capital International EAFE Stock Index, MSCI）

S基金：道瓊美國完整全股市指數（Dow Jones U.S. Completion Total Stock Market）

老實說，從中要找到最適合3%訊號術的股票基金比較棘手，因為沒有一檔是以「小型股」為標的。次佳的選項是追蹤道瓊美國全股市指數的S基金，是道瓊美國全股指數的子集，排除了標普500的成份股，也就是大型股的指數，而鎖定剩下的中小型股，正適合我們的目標。

事實上，節約儲蓄計畫讓員工無法為他們的退休金，選

擇價格太高的零效度選項。這五檔基金的基礎若不是美國國庫券，就是某個指數，而且都很便宜，在過去幾年收費低於0.030％，甚至在2012年只有0.027％。以年齡基準的 L 基金，費用也很低廉。它結合多種個別基金，其配置會根據距離退休的時間而調整，但並未額外收取費用。

政府員工可以用 S 基金來實施3％訊號術，自動管理風險與報酬，而且近乎免費，同時利用小型股的波動獲利。圖表5-10是比較S、C、I基金，還有核心標普小型股ETF在大多頭的2003年，以及2008至2012年的績效。

圖表5-10　節約儲蓄計畫與核心標普小型股ETF的績效比較

投資標的	2003 (%)	2008 (%)	2009 (%)	2010 (%)	2011 (%)	2012 (%)	費用 (%)
C基金	28.5	-37.0	26.7	15.1	2.1	16.1	0.027
I基金	37.9	-42.4	30.0	7.9	-11.8	18.6	0.027
S基金	42.9	-38.3	34.9	29.1	-3.4	18.6	0.027
核心標普小型股ETF	38.5	-31.5	25.8	26.6	0.8	16.3	0.160

就像你看見的，S基金是上上之選，在這舉例的6年裡，績效有4年擊敗核心標普小型股ETF，而且費用比率超低。圖表5-10顯示，績效雖然一開始落後核心標普小型股ETF，但後來居上，這是個完美典範，因為3％訊號術利用股市的

波動性，在低價時有效利用資金，然後在高價時取得更大的獲利。

美國政府為低成本的員工退休計畫方案感到自豪，在2013年1、2月發布的節約儲蓄計畫電子報〈亮點〉（Highlights），誇耀其費用比率之低，遠超過國會紀錄中1986年該計畫制定時要求的低行政成本。2012年的費用比率0.027％，代表「帳戶裡每1千美元，只需要付費27美分。這麼低的費用在確定提撥制裡非常罕見，因為平均費用是帳戶每千美元8.30美元。」這份聲明的來源是美國投資公司協會2011年的研究報告。

這份報告也提醒公務人員，在離開公職後，不要把節約儲蓄計畫裡的資金轉到私人員工退休帳戶：「金融服務公司做的是創造獲利的生意，亟欲從你的存款裡分一杯羹，這可能代表收取更高的費用。」

節約儲蓄計畫則是由政府員工掌理，目標在幫助準備退休的同仁盡可能降低費用，該方案的成功令人讚賞。

節約儲蓄計畫的參與者會使用G基金做為3％訊號術債券部位的配置。這是個安全的選項，也剛好是預設的基金。過去幾年也領先通膨，並且比次貸崩盤後績效趨近於零的貨幣市場收益好得太多。在熱力四射的2003年，G基金的報酬率是4.1％。在黑天鵝出現的2008年，報酬率則是3.8％。

📝 軍隊成員們：立正！

美軍現在提供確定給付制，但可能不會一直提供，而且你可能在美軍停止提供後，不具參加的資格。2011年，國防事務委員會（Defense Business Board）在給國防部長的報告中，表示「要推動軍方退休制度的現代化」，目前的確定給付制需要改變，因為不太公平。軍人的職涯比較短，軍方給付軍人的金額低於文官，而且軍人轉職較不普遍，軍事技能也無法完全轉移到民間企業。

如今，「83％服役的軍人將收不到退休金。服役5年、10年或15年的除役人員，沒有退撫金或養老金，包括已經參戰與即將參戰的大多數部隊」。要在軍隊服役20年才有資格領取退休金，卻只有17％的自願入伍者會做到20年。

好消息是，軍隊成員可以參加節約儲蓄計畫——這是應該的。在服役時，你開設一個節約儲蓄帳戶是聰明的，因為之後進入平民生活可以帶著走。從某種意義來説，就是你能在節約儲蓄計畫裡運用3％訊號術，一邊在軍隊服役，一邊建立你自己的可攜式政府退休福利金。

俄亥俄州立大學的替代退休方案

俄亥俄州立大學位於哥倫布市（Columbus），成立於1870年，有50萬個校友、6萬5千位學生、2萬3千位職員，以及7千名教師，是美國規模最大的高等教育機構之一。

俄亥俄州立大學的教職員必須參與校方的退休方案（ARP），不然就得加入俄亥俄州公務員退休制度（OPERS）。除了提撥給醫療保險之外，他們不參與聯邦的社會保險制度（Social Security system）。俄亥俄州立大學的替代退休方案是確定提撥制，就像401（k），參加者要管理自己的投資。俄亥俄州公務員退休制度則是確定提撥制，不會要求參與者管理資金的傳統退休金制度。

還有一個混合型選項，就是俄亥俄州公務員退休聯合方案（OPERS Combined Plan），將員工的提撥金額轉入一個自主投資帳戶，然後把校方的提撥金額轉入根據公式計算的養老金。3%訊號術可以在任何一個帳戶操作，所以我們要看的是校方的替代退休方案。

俄亥俄州立大學的職員提撥11%的稅前薪資，到替代退休方案的帳戶裡，教員則提撥10%。同時，校方根據教職員的薪資，提撥固定金額。

對投資標的的管理，是由退休方案的供應商進行。在2013年6月，一共有9個供應商，包括富達投資公司（Fidelity Investments）與美國教師保險與年金協會─大學退休股權基金（TIAA-CREF，名列《財星》百大金融公

司）。每個供應商所提供的系列選擇，不外乎基本的資產類別：年金、債券、貨幣市場、房地產、股票與目標日期基金。在無數的零效度管理、要價過高的股票基金裡，我發現兩檔成本相對較低的指數型基金，都可以做為3％訊號術的標的。

在富達，參與者可以選擇富達優級—斯巴達小型股指數型基金（Spartan Small-Cap Index Fund- Fidelity Advantage Class），它追蹤羅素2000指數，費用比率為0.19％，只比名單上的零效度選項便宜一點，其中有些收費比1.00％還高。

斯巴達基金的另一個隱憂，是當你贖回所持有的單位時，若持有天數少於90天，會收取1.50％的費用，因此要運用這檔基金時，要確定賣掉的單位都持有至少90天。這在3％訊號術裡不難做到，因為每季才會買賣一次，但還是需要監控，才不會在第80天不小心賣掉。

在3％訊號術的安全部位，富達優級—斯巴達短期美債指數型基金（Spartan Short-Term Treasury Bond Index Fund–Fidelity Advantage Class）提供相當穩定的績效，通常會打敗貨幣市場，且只收取0.10％的費用比率。

在美國教師保險與年金協會—大學退休股權基金，參與者可以選擇先鋒小型價值股指數基金（Vanguard Small-Cap Value Index Fund），它追蹤加哥大學證券研究中心編製的小型價值股指數（CRSP U.S. Small-Cap Value Index），費用比率為0.34％，不過實收只有0.24％，因為該方案會附加

0.10%。因此，為了便宜一點改選富達是合理的。

人們可能會考慮直接在先鋒開個戶頭，以1萬美元或更多的錢，取得該公司的旗艦單位（Admiral Shares）。先鋒小型價值股的旗艦單位的費用比率只要0.10%，與美國教師保險與年金協會的替代退休方案中的同一檔基金相比，成本不到三分之一。可惜，先鋒不是替代退休方案的供應商，因此俄亥俄州立大學的員工，除了替代退休方案帳戶之外，還必須有個人退休帳戶。

替代退休方案的供應商裡，我找不到比富達的斯巴達小型股指數型基金更便宜的了。一般來說，盡是傳統投資業界的陳腔濫調，而且他們的選項不是零效度的基金，就是收費過高的指數型基金。

俄亥俄州立大學的替代退休方案內容，證實了無論你在哪裡持有退休基金，都必須保持警惕，防止投資業界提供你大量劣質的選項。唯有一個辦法，能避開他們的陷阱，把你的錢放在低成本的基金，沉著操作3%訊號術。

公務人員方案

公務人員有許多不同的退休方案，取決於他們在哪個單位上班。這些方案大部分都提供傳統的確定給付選項，以及跟401（k）類似的確定提撥選項。確定提撥方案通常看起來跟俄亥俄州立大學的替代退休方案很雷同。

事實上，不管是在哪裡，供應商名單裡差不多都是同一

批投資公司：富達、荷蘭國際集團（ING）、普信集團（T. Rowe Price）和先鋒等。

通常，公務員自主管理退休金，搜尋名單上提供的基金，為3%訊號術的股票部位找出能找到、最便宜的小型股基金。

💲 3%訊號術也可以運用目標日期基金

目標日期基金越來越受歡迎，這對許多投資人是好消息。在這些預先組合、自動化投資的產品興起之前，資產配置通常取決於一個人離退休還有幾年，許多退休方案都預設一檔安全基金，像是節約儲蓄計畫的G基金。有太多案例顯示，退休帳戶裡大部分、甚至全都是這種低風險、低報酬的基金，持有時間很長。這樣的帳戶，大多數成長速度都難以達到退休目標。

對這種滿手低風險基金的人來說，目標日期基金是一種進步。他們將只需挑選一個方案，就從此不必再操心。這類人出乎意料地多，他們甚至不知道，績效可能比許多主動投資的基金更好，卻只是每回收到薪資就提撥更多金額，而且在股市下跌時毫無作為。

然而，對那些只願意多做一點的人來說，以一檔小型股來操作3%訊號術，績效肯定會打敗目標日期投資組合。理由是目標日期的投資組合，是以債券或政府證券（國庫券與

政府公債）稀釋股票部位的方式來組合資產類別。隨著投資人越接近退休，配置會逐漸從著重股票調整成安全資產。3%訊號術也是這樣做，只是只有兩檔。

安全基金可以是政府證券或債券，而股票則是一檔小型股基金，但也可以是別種類型。

如果目標日期基金的資產配置背後，有可靠的模式，我們可能會傾向於目標日期基金，但是並沒有。在2011年，晨星檢視36檔以2020年為退休目標的目標日期基金，發現股票配置占比從35%到80%皆有，平均是61%。

這顯示目標日期基金最大的弊病可能是：在考量一個人退休後能享有的社會保險與其他福利時，他們配置給股票的占比經常過低。

社會保險是目前的解決辦法，所以讓我們假設屆時的保險給付會跟現在一樣多。選擇在60出頭便申請社會保險給付的低收入者，可以利用資本價值約30萬美元的資產。

選擇推遲給付、到70算才請領的高收入者，其價值大約50萬美元。這30萬到50萬美元的安全資產，在決定要在401（k）或其他退休帳戶裡最好要投入多少資金在股票部位，這筆錢將是一大考量。對絕大多數人的生活來說，幾乎是投入全部資金，因為股票的風險有一部分被社會保險金的安全性給抵消了。

3%訊號術資金集中於小型股，通常會有更多波動，低點會更低、高點會更高。3%訊號術自動乘勢在低點買進、

在高點賣出。把你大部分的資金放在小型股裡，績效會比放在混合型基金（例如目標日期投資組合）裡更好。

例如，圖表5-11是富國銀行管理的一些目標日期投資組合，從2008年至2012年，與核心標普小型股ETF比較績效。

圖表5-11 富國銀行目標日期基金與核心標普小型股ETF的績效比較

投資標的	2008 (%)	2009 (%)	2010 (%)	2011 (%)	2012 (%)	費用 (%)
富國優勢道瓊目標2015年基金（WFSCX）	−16.4	16.0	10.4	3.1	7.3	0.49
富國優勢道瓊目標2030年基金（WFOOX）	−31.4	28.0	15.0	−1.4	12.3	0.51
富國優勢道瓊目標2045年基金（WFQPX）	−35.5	33.2	17.1	−4.1	15.0	0.52
核心標普小型股ETF（IJR）	−31.5	25.8	26.6	0.8	16.3	0.16

圖表5-11顯示，富國銀行在退休的目標日期接近時，把風險與波動的調控做得很好。在2008年的瀑布式下跌時，相較於目標2030年基金虧損31.4％、目標2045年基金虧損35.5％，目標2015年基金只虧損16.4％。那一年，核心標普小型股ETF賠了31.5％。

同樣地，目標2015年基金在接下來幾年賺得較少。以較少風險，走比較穩健的道路，這正是再幾年就要退休的人所

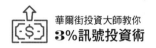
期待的。

目標2045年基金的波動，比核心標普小型股ETF在2008年與2009年的波動更大，前者下跌35.5％後、又上漲33.2％，而後者下跌31.5％後、又上漲25.8％。在這兩年裡，2045年基金是投資3％訊號術的好工具，因為比低點更低，比高點更高。一般來說，距離退休的目標日期越遠，目標日期基金就會越像核心標普小型股ETF，因為其投資組合有很高的占比都配置在風險較高的股票上。

你能以目標日期基金操作3％訊號術，其美好之處就是不在乎操作什麼基金。只需要一個在3％訊號線上下波動的價格，波動越大，獲利越多。小型股指數型基金通常是最好的選擇，而且沒有人為判斷，總是會反彈而且成本便宜。

當然，你也可以用不同的基金來取代。就3％訊號術而言，你持有什麼樣的基金都可以，例如：運動博彩、脫脂奶粉期貨、藝術品、棒球卡，以及明朝瓷器等手工藝品。只要基金的價格有波動且最終會反彈，就能用來操作3％訊號術。

但何必這麼麻煩？當你什麼都能拿來實施3％訊號術，最好還是使用小型股指數型基金。相較於任何一檔富國銀行的基金，核心標普小型股ETF的費用實在便宜太多。在大多數的401（k）方案中，目標日期基金的收費，甚至比富國銀行的0.50％還高。在2013年6月，晨星發現，目標日期基金經資產加權計算後，平均費用比率是0.91％。

　　對3％訊號術來說，相較於高費率的基金，選擇低費率小型股指數型基金比較精明，因為後者不僅績效最終會打敗其他選項，而且收費相對低廉。例如，在圖表5-11的四年比較裡，目標2045年基金的最終淨獲利只有11％，核心標普小型股ETF卻有28％，收費還便宜69％。這樣的費用價差非常重要。

　　當目標日期基金為投資人，提供一種為退休金安裝上自動駕駛的方式時，相對來說，3％訊號術更省事、費用更低，績效卻更優越，優越到投資人為了這個績效，願意每季檢視一次帳戶。

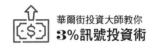

5-7

無論你在哪裡工作，這套方法都能順暢運作

　　也許你很幸運，你的方案以成本低廉的指數型基金，實現爆炸性地成長。也許你不幸運，退休金被困在一個收費過高的選項名單裡，想知道為了節約儲蓄計畫，現在去郵局投履歷會不會太晚。無論你是哪一種，不管你能取得的投資標的為何，你最好都實施3％訊號術。

　　我們已經看過各種不同的退休帳戶，從券商的個人退休帳戶、公司提供的401（k）方案，到政府的退休計畫。有些提供配比，有些沒有。有些很好，有些不好。

　　不過，無論你在哪裡工作，無論你的退休方案好壞，都能藉由實施3％訊號術改善未來。一個自主的退休帳戶具有稅務優勢，能讓你在不同的投資標的中省錢。不管你以什麼維生，不管在哪裡開設退休帳戶，都是這樣運作。

　　你的退休方案可能跟這些例子完全不一樣，但也可能類似。你需要看著自己方案中投資標的的選項，找出可取得的最便宜小型股指數型基金，用於3％訊號術的股票部位，並

且找出最便宜的債券基金，用於3％訊號術的安全部位。

　　如果沒有小型股指數，就找一找中型股。如果沒有中型股，就找出你能找到的最便宜股票指數型基金。指數型基金比較便宜，績效又比主動式基金更好，但必要時用一般的股票指數型基金也可以。

　　總而言之，**不管你在哪裡存退休金，都能夠實施3％訊號投資術。**

執行摘要 /05

退休帳戶是實施3%訊號術的最佳選擇，因為稅務優勢能讓你照著獲利的賣出訊號操作，不用擔心課稅問題。

不過，3%訊號術在一般的證券帳戶也行得通。每季簡單5步驟，不管在哪種帳戶都一樣，但要選擇能取得的最便宜小型股指數型基金，以及債券指數型基金。

■ 每季流程有5步驟，你開始照著做一陣子後，就會牢牢記住。

■ 晨星發現，基金的低費用比率是「績效最可靠的預測」。該機構建議集中投資於可取得的最便宜基金。3%訊號術能傳遞低成本的好處，因為它運用你帳戶內最便宜的小型股指數型基金，以及最便宜的債券指數型基金。

■ 一個具稅務優勢的退休帳戶是實施3%訊號術的最佳所在，因為當賣出股票基金訊號被觸發時，不會被課稅。

■ 要在非退休帳戶避開短期資本利得稅，得賣掉你持有超過一年的單位數。3%訊號術每季一度的排程，能讓追蹤變得容易。

■ 雇主退休帳戶對3%訊號術是有益的，但你必須仔細搜尋最便宜的小型股指數型基金。公司規模越大，方案資金越大，就越有機會提供便宜的基金。

■ 目標日期基金廣受歡迎，因為能隨著退休日期接

近，自動調整資產配置，進而簡化投資。但是，它的成本比3％訊號術高，而且績效通常比較差。

■ 不管你在哪裡工作、把錢存在哪裡，都能實施3％訊號術。

The 3% Signal

NOTE

NOTE

結語
不盯盤、不聽消息，
你也能達成財務自由

　　本書一開始，我就邀請你展開一趟讓投資方法變得更優異的旅程。我們找到了。3％訊號投資術將讓你的帳戶以更有威力的方式成長，但不需要花費太多心力，或是帶來過度的壓力。當你遇見投資專家，只要微笑握個手，知道他們是可憐的零效度意見，將被你的投資計畫徹底打敗。

　　基於多年對3％訊號術的研究與身體力行，我發現了深層的智慧。股市是人類傾注最龐大的智力資本，進行最勤奮的努力之處，而3％訊號術跳脫股市競爭，以沉默與近乎毫無作為，就贏過氣喘吁吁的評論員，這值得深思。

　　進行深思需要擺脫人類的「猴子腦」，這是在我們兩耳之間很活躍的思考機制，會隨機迸出各種概念。如果我們承認有猴子腦存在，並且駕馭它，我們將獲得更多的滿足。

　　股市是人類猴子腦的放大版本。對許多人來說，金融市場新聞輪播是生活中最大的雜訊和干擾。越是錯綜複雜的情況，越有智慧的方式是就此罷手，把這些混亂減少至簡明的價格清單，一年造訪這個清單4次，讓毫無情緒的公式告訴

你價格的意義,以及你該做什麼,然後完成它。這種比較高竿的投資不但績效更優、成本更低,而且占用你有限的時間也比較少。

人生是用來好好過生活,不是用來在零效度意見的環境裡緊張度日。將你的企圖心用在直覺能帶來改變的地方吧。不要為了徒勞地猜想未來而精疲力竭。將你的財務安全安裝上自動駕駛裝置,然後將心思拿去別處使用。我希望能幫助你做到這一點。你很重要,不該浪費生命在研究股票上。

保持聯繫。我的電子郵件地址是jason@jasonkelly.com。我會在jasonkelly.com提供最新訊息與更多資訊,而我的郵件清單是免費的。

感謝你閱讀本書,希望你因為3%訊號術,讓生活擺脫壓力,享受更幸福快樂的時光。

NOTE

251

謝辭

行為心理學、定期定值法與指數基金的智慧結晶

我身邊總是圍繞著很棒的人。

我無法想像沒有朵莉絲 麥可斯（Doris Michaels）的生活，她是我至今唯一的代理人。我是她早期的客戶之一，也將成為她最後的客戶。開心過了這麼多年，我們依然一起共事，以及每年造訪紐約，都能看見她那好得沒話說的丈夫查理。

感謝我在普路（Plume）出版社的編輯凱特，她和我一起完成《股市獲利倍增術》。在該書第五版即將上市的某個12月天，我們一起共進午餐時，她聽我熱切講述一個讓大眾只投資兩檔指數型基金，就能改變遊戲規則的新方法「3％訊號投資術」。從那時候起，她就每一步跟著我完成這個投資術。

許多研究人員為本書內容貢獻良多，感謝他們協助我建置這個投資術，但礙於篇幅，我只能提到其中三位。行為心理學家康納曼向我展示，股市的成功為什麼會讓大眾逃之夭夭，以及隨後內文提到的公式價值。在公式的部分，我受惠

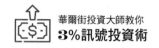

於定期定值法創始人艾道森為了不變的績效目標，而進行再平衡的價值平均概念。伯格（John Bogle）掌理的先鋒基金，40年來始終是指數基金的冠軍，這種低成本的基金正是3%訊號投資術需要的。謝謝你，希望華爾街有更多像你這樣的人。

我要特別感謝克蘭德爾（Roger Crandell），我們會認識是因為他訂閱《凱利投資快訊》，但後來我們成為朋友與共同研究者。他擅長寫程式，為本書提及的過去投資方式提供了許多回測結果，他也用軟體協助核對我的表格程式跑出來的資料。

你會感到詫異，要得出簡單的結論，背後必須消化多麼大量的數據資料。羅傑的協助讓這個任務變得輕鬆一些。

最後，感謝富達投信（Fidelity）、美國投資公司協會（Investment Company Institute, ICI）、晨星（Morningstar）、標準普爾（Standard & Poor's）、先鋒（Vanguard）與雅虎金融（Yahoo! Finance）提供資訊。

NOTE

了解這些資訊，
幫投資添加助力

附錄1

工具

　　為了幫助你進行3％訊號投資術，我在我的網站提供工具，不僅計算每一季該做的事，也建立起實施的歷史紀錄。想要取得表單，並看看還提供什麼工具。

　　請上我的網址：visit jasonkelly.com/3sig。

附錄2

權利與許可

　　如果你對於運用本書內容的智慧財產權有疑問，包括3％訊號投資技術或其名稱，例如運用於投資產品或應用程式的申請，或是其他計畫。

　　請寫下你的需求與意見，到jasonkelly.com的聯絡頁面寄給我。

附錄3

《凱利投資快訊》

想掌握3％訊號投資術的最新動態,可以考慮訂閱我的電子報《凱利投資快訊》,每週日早晨它會以電子郵件寄送。

當你開始在帳戶中運用3％訊號術,不必再讀遍股市消息和資訊時,你可能會想看著零效度意見出差錯,以及3％訊號術輕輕鬆鬆就打敗它們,證明你正走在正確的道路上,並提升信心。

同時,比起自己一個人走,看著我做每季的算數,當債券餘額太大時重新部署,密切注意是否要啟動「跌30％」規則,可能會讓你感到放心。

我將投資快訊中的投資組合維持3個層級:第1層是3％訊號的基本款;第2層是高成長、目標更高的槓桿操作版;第3層是公開市場版本,選定高股息、高收益率的波動工具,進行與基本情況正面交鋒的肉搏戰。

目前還沒有任何事物,跟3％訊號投資術的基本款具有相同吸引力。

期待能在名單上看到你!想收到我每週日的電子報,請在jasonkelly.com上登入。

NOTE

NOTE

NOTE

NOTE

NOTE

國家圖書館出版品預行編目(CIP)資料

華爾街投資大師教你 3％訊號投資術：為何他能一年只花60分鐘做交易，其他 365
天上班、旅遊？/ 傑森‧凱利（Jason Kelly）著；周詩婷譯.
--初版. --新北市：大樂文化，2020.09
　面；　　公分 . --（Money；027）

譯自：The 3％ Signal: The Investing Technique That Will Change Your Life
ISBN　978-957-8710-82-5（平裝）
1. 證券投資　2. 投資技術
563.53　　　　　　　　　　　　　　　　　　　　　　　　　109008241

Money 027

華爾街投資大師教你 3％訊號投資術
為何他能一年只花 60 分鐘做交易，其他 365 天上班、旅遊？

作　　者／傑森‧凱利（Jason Kelly）
譯　　者／周詩婷
封面設計／蕭壽佳
內頁排版／思　思
主　　編／皮海屏
發行專員／呂妍蓁、王薇捷
會計經理／陳碧蘭
發行經理／高世權、呂和儒
總編輯、總經理／蔡連壽
出 版 者／大樂文化有限公司（優渥誌）
　　　　　　地址：220 新北市板橋區文化路一段 268 號 18 樓之 1
　　　　　　電話：（02）2258-3656
　　　　　　傳真：（02）2258-3660
　　　　　　詢問購書相關資訊請洽：2258-3656
　　　　　　郵政劃撥帳號／50211045　戶名／大樂文化有限公司

香港發行／豐達出版發行有限公司
地址：香港柴灣永泰道 70 號柴灣工業城 2 期 1805 室
電話：852-2172 6513　傳真：852-2172 4355

法律顧問／第一國際法律事務所余淑杏律師
印　　刷／韋懋實業有限公司

出版日期／2020 年 9 月 10 日
定　　價／300 元　　（缺頁或損毀的書，請寄回更換）
I S B N　978-957-8710-82-5